Von Katzen

UND IHREN DOSENÖFFNERN

FEINE
LESEHÄPPCHEN

Pattloch

© 2022 Pattloch Verlag. Ein Imprint der Verlagsgruppe
Droemer Knaur GmbH & Co. KG, München
Illustrationen: Shutterstock.com
Gesamtgestaltung und Satz: Christina Krutz, Biebesheim am Rhein
Textauswahl und Lektorat: Katharina Hepp, Pattloch Verlag
Gesamtherstellung: Grafisches Centrum Cuno GmbH & Co. KG, Calbe

Printed in Germany

ISBN 978-3-629-00598-4

www.pattloch.de

2 4 5 3 1

INHALT

WUNDERSAMES UND WUNDERLICHES

Tina Alba Warum sie so ist, wie sie ist:
Ein Schöpfungsmärchen *5*
Stefan George Die Katze *11*
Karin Tamcke Ausgangssituationen *12*
Eiko Weigand Sherlock *17*

SAMTPFOTEN UND KRATZBÜRSTEN

James Bowen Weggefährten *29*
Eva Demski Jule *49*
Dr. James Herriot Auszug aus »Tierarzt« *50*
Karin Tamcke Von Tatzen und Tasten *65*
Patricia Highsmith Mit Katzen leben *69*

LIEBLINGSSCH[MAUS]

Karin Tamcke Katz und Maus *75*
August Heinrich Hoffmann von Fallersleben Mauskätzchen *80*
Cassia Fletcher Warum ich eine Maus
mit einer Rührschüssel fing *82*
Cassia Fletcher Rasante Rattenjagd *93*

DIE UNIVERSELLE WEISHEIT DER KATZEN

Karin Tamcke Sternstunden *104*
Eva Berberich Der Beweis *109*
Tessa Korber Bonnard *117*
Quellennachweis *128*

WUNDERSAMES
UND WUNDERLICHES

Man kann eine Katze aus der Wildnis holen,
aber nie die Wildheit aus der Katze.

UNBEKANNT

WARUM SIE SO IST, WIE SIE IST:
EIN SCHÖPFUNGSMÄRCHEN

TINA ALBA

Als die Weltenmutter die Katze schuf, da nahm sie
eine Brise vom Nordwind und eine Brise vom
Südwind und wob sie ineinander, denn die Katze sollte sowohl dort zuhause sein, wo heiße Wüstenstürme

den Sand vor sich hertreiben, als auch dort, wo sich Sommer und Winter abwechseln und in der kalten Zeit die Bäume unter der Last des Schnees ächzen. Schnell wie die Winde, aus denen sie geschaffen war, sollte die Katze sein, wild wie ein Sturm und leise wie ein stilles, sanftes Säuseln.

Die Weltenmutter sah das Wesen an, das sie geformt hatte, und gab ihm seidiges Fell in den Farben der Erde und der Wälder. Tiefschwarz wie Kohle, grau wie Sturmwolken, gestromt wie der Dämmerwald, in dem sich das Licht bricht, bunt wie Herbstlaub und weiß wie frisch gefallener Schnee. Aus weichsten Blütenblättern und hartem Steppengras formte sie die Pfoten der Katze, damit sie samten und leise schleichen konnte, sich aber nie auf rauen Wegen die Ballen wundlaufen würde.

Die Weltenmutter nahm vom Feuerstein und vom Obsidian und gab der Katze Krallen, scharf wie Messer, und zugleich die Fähigkeit, diese im Samt ihrer Pfoten zu verbergen, sodass die Katze selbst entscheiden konnte, ob sie ihre Waffen nutzen wollte oder nicht. Spitze Zähne setzte sie der Katze ins Maul, mit denen sie Beute zu erwürgen vermochte und doch voller Sanftheit auch ihre Jungen in sichere Verstecke tragen würde. Die Zunge der Katze besetzte die Weltenmutter mit feinen Häkchen. So konnte die Katze ihr Seidenfell kämmen und von Schmutz befreien, ihre Jungen putzen und zugleich auch das letzte Fitzelchen Fleisch von den Knochen ihrer Beute schaben.

Die Elemente gaben der Katze das Wesen: Geschmeidig wie Wasser sollte sie sich bewegen, in sich die Hitze und das Temperament des Feuers tragen, leichtfüßig rennen wie Luft und Winde und doch verbunden mit der Erde unter ihren Pfoten. Sonnengold, Himmelsblau, Bernsteinschimmern und Blättergrün nahm die Weltenmutter und legte sie in die Augen der Katze, die auch das tiefste Dunkel noch durchdringen konnten.

In die Stimme der Katze gab die Weltenmutter das Echo von Löwenbrüllen und Donnergrollen, von Möwenschreien und Taubengurren. Ihr Herz erfüllte sie mit Raubtiermut und mütterlicher Zärtlichkeit, und in die Seele der Katze legte sie den Stolz einer Göttin und die Sehnsucht nach Freiheit. Die Katze würde sich niemals einsperren lassen. Sie würde sich diejenigen aussuchen, denen sie ihre Gunst schenken wollte, und denen würde sie bis an ihr Lebensende die Treue halten. Wenn sie die Freiheit bekommen würde, zu kommen und zu gehen, wie sie wollte, dann würde die Katze immer zurückkehren an den Ort, den sie sich zur Heimat erwählte.

Die Weltenmutter sah das Tier an, das sie geschaffen hatte aus Wind, Erde und Elementen, und sie erfreute sich an seiner Schönheit, den klaren Augen, dem weichen Pelz und dem geheimnisvollen Wesen.

»Lauf in die Welt, Katze«, sprach sie und schenkte der Katze die Freiheit, die sie so sehr begehrte. »Du bist fleischgewordenes Geheimnis, gezähmte Wildheit, Geschöpf voller Gegensätze. Du wirst ein Freund der Menschen sein und ihnen doch niemals gehören. Sie werden lernen, wie kostbar deine Liebe ist, und dich dafür verehren. Sie werden alle Geheimnisse der Welt in deinen Augen sehen und dich dafür bewundern und fürchten. Sie werden die Weisheit in deinem Wesen erkennen und dich entweder für ein göttliches oder ein dämonisches Wesen halten. Doch ganz gleich, was mit dir geschieht, Katze, dein Wille ist stark und deine Nachkommen werden so zahlreich sein, dass du immer und überall sein wirst. Geh in die Welt, Katze, und suche dir Menschen, die deine Geheimnisse zu sehr lieben, als dass sie versuchen würden, sie zu ergründen.«

Und die Katze zog in die Welt und wurde zur Verbündeten des Menschengeschlechts. Sie wurde geliebtes Haustier, verehrte Gottesgefährtin, willkommene Jägerin und Begleiterin weiser Frauen und Männer. Katzen machen aus jedem Haus ein Zuhause, ihr Schnurren füllt leere Herzen und ihre Wärme tröstet die Traurigen. Wer eine Katze hat, muss niemals Einsamkeit befürchten.

Und jeder, der weiß, wie die Katze erschaffen wurde, muss sich nicht mehr fragen, warum sie, die eben noch dringend das Haus verlassen wollte, nun reglos in der offenen Tür verharrt und sich anscheinend nicht entscheiden kann. Denn die Katze ist ein Geschöpf der Gegensätze, die zuweilen in ihrer Seele zu diskutieren beginnen. Der Nordwind will hinaus, der Südwind will bleiben, die Wilde will jagen und streunen, während die Zahme es bevorzugt, sich auf dem Schoß ihres Menschen zusammenzurollen und eine streichelnde Hand zu genießen. Die Verspielte liebt es, Kugeln aus Papier und kleine Stoffmäuschen zu verfolgen, während die Göttin viel zu viel innere Würde für solch kindisches Verhalten besitzt.

So ist die Katze, und kein Mensch wird es jemals schaffen, daran etwas zu ändern. So ist die Katze – und kein Mensch, der Katzen liebt, wird sie jemals ändern wollen.

DIE KATZE

STEFAN GEORGE

Komm an mein liebreiches herz · schöne katze ·
Verbirg die klauen der tatze
Wenn mein auge naht
Dem deinen gemischt aus metall und achat!

Wenn meine finger mit musse schmeicheln
Dem biegsamen kopf und rücken
Und bebt meine hand im entzücken
Den funkenstiebenden körper zu streicheln ·

Dann seh ich im geist eine frau: ihr blick
Gleicht deinem · freundliches tier ·
Trifft wie ein pfeil und ist tief und hell.

Es schwimmt vom fuss zum genick
Ein feiner gefährlicher odem dir
Rings um das braune fell.

AUSGANGSSITUATIONEN

KARIN TAMCKE

Suchen Sie nach einer neuen Sichtweise der Wirklichkeit? Streben danach, sich von alten Glaubenssätzen zu lösen, sind bereit, Ihre Energie bis zur Neige auszuschöpfen? Dann schaffen Sie sich Katzen an oder gehen bei schon vorhandenen in die Lehre. Denn Katzen ticken anders. Garantiert. Stimmen Sie sich nur ganz auf die Frequenz Ihrer Lieblinge ein und sie werden Ihnen den Weg schon weisen. Ihren eigenen Weg.

Da glaubt man, ein normaler Mensch zu sein. Praktisch und vernunftbegabt. Und bemerkt dann plötzlich, dass man beginnt, sich höchst seltsam zu verhalten. Denn wenn es um einen Bereich geht, um einen ganz speziellen Bereich, verlasse ich eindeutig das Revier der Zurechnungsfähigkeit. Will heißen, ich tue Dinge, die nicht zwingend sinnvoll erscheinen. Wer würde schon ohne Not ein Loch in die Wand seines Hauses stemmen? Ein Loch in die Außenmauer, eine direkte Verbindung vom kuschelig warmen Wohnraum zur bitterkalten Gartenwelt? Ein Loch, das Durchzug garantiert für ewig kalte Füße der menschlichen Bewohner. Und nur, damit drei verwöhnte Katzen ein selbstbestimmtes Leben führen.

Eine eigene Haustür sollten sie bekommen, die sogenannte Katzentür. Freiheit für die freien Seelen. Außerdem war ich es leid, Türöffner in Vollbeschäftigung zu sein. Katzen können so konfus agieren, jedenfalls nach meinem Verständnis. Verlasse ich selbst das Haus, dann weiß ich auch den Grund. Betrachte ich meine Katzen, stelle ich fest: Sie konfrontieren mich mit Planlosigkeit. Sie sind zwar in der Lage, den Wunsch nach Licht und Luft einwandfrei zu formulieren. Die jeweilige Katze quengelt und drängelt und miaut verlangend die Tür an, die sich jedoch nicht beeindrucken lässt. Übersetzt heißt das: Wo bleibt mein Personal? Komme ich aber dem Wunsche nach, überfällt die Katze augenblicklich Gedächtnisschwund. Sie will sich nicht mehr so recht erinnern, was ihr Vorhaben war. Ich schließe folglich wieder die Tür, woraufhin sich die Katze konzentriert, ihr dadurch der Wunsch nach der Außenwelt wieder gegenwärtig wird und sie erneut das Miauen anstellt ... Und so weiter und so fort.

Unser Haus hat drei Türen. Und wir haben drei Katzen. Damit wäre alles gesagt. Böse Zungen behaupten immer, dass sich Katzen nur deswegen Menschen halten, weil sie keinen Daumen zum Öffnen der Dosen haben, aber ich sehe das nicht so begrenzt, ich sehe noch andere Gründe. Denn Katzen haben auch keinen Daumen, um damit Türen zu öffnen. Auch dafür halten sie sich Menschen. Menschen wie beispielsweise mich.

Wie gesagt: drei Katzen, drei Türen. Und vor jeder sitzt in stetem Wechsel eine. Also sollten die Tiger ihren Ausgang selber regeln dürfen, ohne den Umweg über helfende menschliche Hände. Die Katzentür würde die Lösung sein. Und da jeder sinnvollen Tür eine Öffnung vorausgehen sollte, stemmten wir diese durch die Ziegelwand unserer Behausung. Die Wand war dick und es gab viel Staub, aber wir fanden, es war den Einsatz wert. Anfangs voller Skepsis, aber dennoch interessiert frequentierten die Katzen den neuen Weg nach draußen, wobei sie das »Nach draußen« tatsächlich wortwörtlich nahmen. Sie nutzten das Loch nur für den Ausgang. Der Einlass fand weiterhin durch Aufmiauen der Türen statt. Für mich bedeutete das jedoch eine Einsparung des Arbeitsaufwands von immerhin fünfzig Prozent.

Nachdem wir der Meinung waren, die Katzen hätten sich daran gewöhnt, den Durchbruch zu benutzen, ging es an die Wahl der richtigen Katzentür. Wir entschieden uns für die Schwingtür mit einem Zwei-Wege-Verschluss. Sie wurde eingedübelt und war gegenüber dem Loch ein optischer Gewinn; auch verminderte sie die Zugluft, was wir dankbar begrüßten, die Katzen aber gleichgültig ließ. Menschliche Bedürfnisse standen bei ihnen nicht zur Debatte. Doch nun fehlte ihnen das rechte Verständnis für die Benutzung der Katzentür. Dass nicht zwingend geschlossen ist, was geschlossen aussieht, war ihnen anfangs schwer zu vermitteln. Sie standen vor der Schwingtür und sahen uns verdrossen an. Folglich brauchten sie ein Training. Wir stupsten Katzennasen gegen die aufschwingende Pforte, schoben Katzenkörper durch die entstandene Öffnung. Den ganzen Tag lang und auch die folgenden. Dann hatte die erste Katze den Mechanismus erfasst. Die zweite Katze hingegen scheute vor dem Schwingen und war nicht zu überzeugen, dieses Teufelswerk zu benutzen. Der Kater entwickelte eine besondere Technik, indem er sich auf den Rücken warf und in dieser Haltung durch den Ausgang robbte. Dann kam dieser bewusste Tag. Der Kater hatte es geschafft. Er war zum ersten Mal ins Haus durch die Klappe gekommen. Er stand vor uns, die ganze Tragik der Welt im Blick. Um die Taille trug er einen seltsamen Gürtel. Ein Viereck aus grauem Kunststoff. Aufgrund der kleineren Innentür hatte das Zweiwege-System den wachsenden Ansprüchen des Katerbauches nicht mehr standhalten können. Masse mal Drehmoment hatten sich zum Druck verdichtet, der die Türeinheit aus ihrer Verankerung sprengte. Wir verzichteten auf den erneuten Einbau. Seitdem zieht wieder ein kühles Lüftchen über unseren Fußbereich. Die Katzen hingegen stapfen froh und befreit von kunststofflichen Zwängen durch ihr Loch ins Freie. Und sollten sie eines Tages den Ausgang auch als Eingang begreifen, nähme die Sache endlich für mich das gewünschte glückliche Ende.

SHERLOCK

EIKO WEIGAND

Eigentlich führen wir ein ganz geruhsames Leben, meine Frau und ich. Beruflich läuft alles in geordneten Bahnen. Die Kinder sind schon aus dem Haus – Moritz studiert Maschinenbau, Nele macht ihr Referendariat – ein Zustand also, in dem der Ärger über unaufgeräumte Zimmer, nicht weggeräumtes Geschirr, ständig zu laute Musik und gleichmäßig im Haus verteilte Schmutzwäsche abgelöst wird von der Freude, ab und zu lieben Besuch zu bekommen. Besuch, der dann nach angemessener Zeit auch wieder abreist.

Statt der Kinder haben wir jetzt meine Mutter – auch nicht immer einfach, allerdings deutlich anders.

Schmutzwäsche ist kein Problem, höchstens dass meine Mutter immer noch ein scharfes Auge darauf hat, ob ihr Sohn – also ich – auch ordentlich genug ist.

Aber sonst ist sie eine reizende alte Dame und meine Frau versteht sich ausgezeichnet mit ihrer Schwiegermutter – auch das soll es ja geben. Als mein Vater starb, hatte sie versucht alleine zurechtzukommen, aber die Einsamkeit setzte ihr so sehr zu und für viele Anforderungen des Alltags war sie schon ein wenig zu klapperig und leider auch zu tüddelig. So zog sie bei uns ein und meine Frau und ich hatten »endlich« wieder jemanden, um den wir uns kümmern mussten.

Aber wie gesagt, unser Leben war recht geruhsam. Und gerade vor einem so ruhigen, gleichmäßigen Hintergrund können kleine Unregelmäßigkeiten, Abweichungen von der Routine, Ereignisse, die man sich nicht erklären kann, eine ungeheure Wucht entwickeln.

Aber ich will nicht vorweggreifen: Die Geschichte begann an einem Abend im April. Wie so oft machte ich meine Runde. Es ist ein wunderbares Gefühl, sich zu vergewissern, dass alles in Ordnung ist, voller

Besitzerstolz sein Grundstück abzuschreiten. Wir haben einen sehr schönen Resthof mit einer Reihe von Extragebäuden – übrigens ein hervorragendes Jagdrevier für Minka, unsere außerordentlich liebenswürdige Katze. Sie hat hier auch wirklich viel zu tun, damit die Mäuse nicht überhandnehmen. Als wir vor sieben Jahren das Haus kauften, haben wir sie von den Vorbesitzern des Hofes mit übernommen, sie gehörte sozusagen zum Inventar, aber inzwischen haben wir sie doch sehr lieb gewonnen. Und sie uns auch. Minka hat vor allem meine Mutter sehr ins Herz geschlossen, oft streicht sie ihr um die Beine oder folgt ihr, fast wie ein kleiner Hund.

So ging ich an dem besagten milden Frühlingsabend, vorbei am ehemaligen Hühnerstall, dem alten Backhaus, der Scheune – alles schien wie immer. Doch plötzlich hörte ich ein klägliches Miauen. Das musste aus der Werkstatt kommen, einem Raum, zwar angegliedert an das Wohnhaus, aber mit nur einer Tür, die zum Hof führt. Minka war offensichtlich eingesperrt. Als ich die Tür öffnete, sprang sie an mir vorbei in die Freiheit, nicht ohne mir noch einen etwas vorwurfsvollen Blick zuzuwerfen, fast als sei ich die Ursache ihrer Gefangenschaft gewesen.

Ich wunderte mich. Die Tür war schließlich immer zu, wie sollte Minka in die Werkstatt gekommen sein? Und warum nicht wieder raus? Gut, das war wohl eines von den kleinen Geheimnissen des Alltags, so dachte ich, die sich nie auflösen. Aber es war ja nichts Schlimmes passiert und insofern auch nicht so wichtig. Das Ganze legte ich also auf dem Stapel für ungelöste Fälle ab – eine Zeit lang wundern und dann vergessen.

Doch es kam anders. Denn zwei Tage später: Minka eingesperrt, miauend, muss befreit werden.

Tröstlich an der Geschichte war, allzu sehr wird sich Minka nicht gelangweilt haben, in der Werkstatt hängen einige spezielle Schnüre und Bänder an der Wand, bei denen bestimmt mal jemand gewusst hat, wozu sie gut sind. Nun wusste es nur noch Minka: Sie waren so ziemlich das beste Spielzeug, was sich eine Katze wünschen kann. Minka war ganz verrückt danach.

Ich dachte mir, in der Sache sollte man doch mal was unternehmen – eine innere Ankündigung, der in der Regel keine Taten folgen.

Allerdings als Minka am nächsten und übernächsten Tag wieder befreit werden musste, war es soweit: Ich wollte wissen, was da los war! Natürlich hatte ich schon anfangs meine Frau und meine Mutter befragt. Beide wussten von nichts. Jetzt wollte ich es genauer wissen. Zu meiner Frau: »Bist du dir sicher, dass du nicht in der Werkstatt warst?«

Meine Frau: »Ich weiß doch, ob ich in der Werkstatt war, ich bin nie in der Werkstatt, das ist dein Revier, da hab ich nichts verloren, da müsste übrigens dringend mal sauber gemacht werden, aber das mach ich nicht, die Werkstatt ist ja dein Revier.« Das war erschöpfend.

Bei meiner Mutter war es ähnlich unergiebig: »Was soll ich in der Werkstatt, ich brauch' doch kein Werkzeug.«

Ich konnte also festhalten: Minka wurde nicht von einem Menschen in die Werkstatt gelassen – vorausgesetzt, man würde nicht von einer dritten Person ausgehen, beispielsweise einem Dieb, der immer wieder einbricht, nichts klaut, dafür aber die Katze einsperrt – eher unwahrscheinlich. Oder war ich es am

Ende selbst, litt ich unter Bewusstseinsstörungen – diese Lösung des Problems lehnte ich kategorisch ab, sie war mir zu unsympathisch.

Ich hatte immer mehr das Gefühl, ich hätte einen Fall zu lösen, ja, ich kam mir schon fast ein wenig so vor wie Sherlock Holmes. Ich versuchte, Spuren zu finden und zu deuten. Ich erforschte die Werkstatt gewissenhaft bis in den letzten Winkel. Ich suchte nach geheimen Zugängen, verborgenen Hohlräumen unter den Dielen, unbekannten Öffnungen im Dach – letztere hätten dann sogar so beschaffen sein müssen, dass sie zwar Katzen, aber keinen Regen durchlassen. Doch die Werkstatt war hermetisch abgeschlossen, keine Bretterwände mit Spalten, sondern solides Mauerwerk, keine Dachluke, kein Kamin, kein kaputtes Fenster, eine absolut dichte Decke, eine gut anliegende Tür – nichts, das Ganze machte mich langsam verrückt.

Außerdem, welcher Zugang hat die Besonderheit, eine Katze rein-, aber nicht mehr rauszulassen? Eine Katzeneinbahnstraße? So etwas konnte ich mir noch nicht einmal theoretisch vorstellen. So waren meine Nachforschungen ebenso aufwendig wie erfolglos. Ich fand zwar eine Menge von Kleinteilen, die ich zu anderen Zeiten verzweifelt gesucht hatte – seltene Schrauben, wichtige Bedienungsanleitungen, einzigartige Unterlegscheiben und andere unverzichtbare Utensilien –, aber ich fand das Entscheidende nicht: eine Spur, die mich wirklich weitergebracht hätte.

Ich vergegenwärtigte mir die Weisheiten der großen Detektive der Weltliteratur und stellte immer neue Überlegungen an. Wenn man das Naheliegende ausschließen kann, wird das Unwahrscheinliche wahrscheinlich. Dieser Spruch ging mir immer wieder durch den Kopf, wobei ich ihn letztlich nicht zuordnen konnte, stammte das von Holmes, Hercule Poirot oder doch Miss Marple? Bei meinem Fall schien auch eher zu passen: Wenn man nichts Mögliches findet, muss es das Unmögliche sein. Das Unmögliche hat aber den Nachteil, dass es nicht möglich ist. Es ist möglich, dass ich in dieser Zeit auf meine Umgebung etwas gestresst gewirkt habe.

Am einfachsten wäre es gewesen, die Werkstatt durchgehend zu observieren, dann würde man ja sehen, wie die Katze hineingeht und warum sie nicht auf dem gleichen Weg wieder herauskommt.

Wie gesagt, man hätte sich auf die Lauer legen können, aber ich bin schließlich ein berufstätiger Mensch. Und am Wochenende? Da war die Katze nie eingesperrt gewesen. War das eine wichtige Spur, ein entscheidender Hinweis oder nur eine erneute Sackgasse? Inzwischen war ich wie besessen, eine Lösung zu finden, überlegte mir sogar, die Pfoten der Katze mit Farbe zu präparieren, um diese anschließend verfolgen zu können. Da ging dann meine Frau dazwischen, ich hätte ja wohl einen Knall und was denn in letzter Zeit mit mir los sei, man könne doch einfach ab und zu der Katze die Tür aufmachen, das wäre doch alles kein Problem, ich solle doch mal locker lassen. Ich konnte aber nicht locker lassen, ich wollte nicht locker lassen, ich wollte wissen, wie das möglich war, welcher verfluchte Zauber da wirkte, wer sich da gegen mich und den gesunden Menschenverstand verschworen hatte.

So kam es – und damals schien mir das der einzige logische Ausweg –, dass ich mich krankschreiben ließ.

Der Arzt meinte, ich hätte alle Anzeichen eines ausgewachsenen Stresssyndroms – wie recht der Mann hatte. Meiner Frau sagte ich natürlich nichts von meiner Krankschreibung. Sie einzuweihen erschien mir kontraproduktiv.

Ich bezog also, statt zur Arbeit zu gehen, morgens meinen Beobachtungsposten. Ich positionierte mich dabei so, dass ich die Werkstatt gut im Blick hatte. Da man die Werkstatt natürlich nicht gleichzeitig von allen Seiten sehen kann, musste ich von Zeit zu Zeit meinen Standort wechseln. Außerdem sollten mich weder meine Frau noch meine Mutter sehen. Mir war kalt, nicht zuletzt deshalb meldete sich meine Sextanerblase alle Nase lang. So eine Observation ist enorm stressig, ansonsten aber stinklangweilig. Schließlich übte ich in meinem Versteck auf das Objekt meiner Observation – nämlich Minka – eine unwiderstehliche Anziehungskraft aus: Schmusig scharwenzelte sie die ganze Zeit um mich herum, anstatt jetzt endlich mal auf geheimen Wegen in die Werkstatt zu gelangen. So verging der erste Tag, ohne dass irgendetwas von Interesse passierte, und ich muss sagen, Nichtstun beim

Beobachten von keinerlei Ereignissen ist irrsinnig anstrengend.

Der zweite Tag war ähnlich. Mir fiel allerdings auf, wie angeregt sich meine Frau mit dem neuen Postboten unterhielt – eine Sache, die ich genaugenommen gar nicht wissen wollte. Sonst passierte erst mal nichts. Später geschah dann noch gar nichts. Nebenbei, Minka habe ich an diesem Tag überhaupt nicht zu Gesicht bekommen.

Ich kam mir schon ziemlich blöd vor, wie ich da versteckt hinter Büschen und Bäumen versuchte, etwas zu beobachten, was einfach nicht passieren wollte. Und ich hatte schon damals so eine Ahnung, dass ich mir nicht nur so vorkam.

An diesem Tag habe ich mir einen schlimmen Schnupfen geholt. Kein Wunder, ich hatte mich zwar warm angezogen, aber es war sehr frisch, und wenn man sich nicht oder fast nicht bewegt, zieht die Kälte von unten her in die Glieder. Das Wort Erkältung ist eigentlich sehr treffend.

Am Morgen des dritten Tages hatte ich schon erhöhte Temperatur, aber noch Durchhaltewillen. Der ging im Laufe dieses Tages, an den ich nur ungern zurückdenke, verloren. Am Nachmittag dann fiel dazu noch Nieselregen und das Fieber stieg – ich gab auf.

Nun war ich wirklich krank, ich musste ins Bett. Noch in den Fieberträumen verfolgte mich mein Problem. Sherlock Holmes und Minka machten sich über mich lustig, sie tanzten um mich herum und sangen: »Ach wie gut, dass niemand weiß, wie wir in die Werkstatt kommen.«

Bevor ich dann endgültig davon überzeugt war, dass Sherlock Holmes der Täter war, erholte ich mich langsam. Das Fieber war gesunken und so machte ich nach fast einer Woche Bettruhe meine ersten Schritte vors Haus. Ich hatte mir fest vorgenommen, mich nach dem Ratschlag meiner Frau zu richten: Wenn die Katze gefangen ist, einfach rauslassen und Ruhe bewahren.

Ich wollte gerade wieder hineingehen, da sah ich meine Mutter aus der Werkstatt kommen, sie machte gerade die Tür hinter sich zu.

»Was machst du in der Werkstatt, Mutter?«, fragte ich. »Ach, das ist die Werkstatt«, meinte sie versonnen.

»Ja, das ist die Werkstatt!«, sagte ich – zugegebenermaßen ein wenig gereizt: »Ich wollte wissen, was du da machst?«

»Ich suche den Staubsauger«, sagte sie wie selbstverständlich.

»Aber Mutter, der Staubsauger ist doch ganz woanders, in der Besenkammer«, stöhnte ich.

»Ach, deshalb hab ich ihn nie gefunden«, meinte meine Mutter und ging Richtung Haus. Aus der Werkstatt hörte ich vertraute Geräusche: Minka miaute – sie wollte raus. Wenn es das Unmögliche nicht ist, kann es auch das Naheliegende sein.

Jetzt blieb nur noch das Problem mit dem Postboten ...

SAMTPFOTEN
UND KRATZBÜRSTEN

Erst schmeicheln, dann kratzen,
das schickt sich für Katzen.

DEUTSCHES SPRICHWORT

WEGGEFÄHRTEN

JAMES BOWEN

D as Glück liegt auf der Straße«, sagt ein Sprichwort. »Man muss es nur aufheben. Aber die
meisten Menschen gehen achtlos daran vorüber.«

Viele Jahre war ich auch einer von diesen Acht-
losen. Immer wieder wurde mir die sprichwörtliche

zweite Chance geboten, mein Leben zu ändern, aber ich habe sie jedes Mal ungenutzt verstreichen lassen. Bis zum Frühjahr 2007.

Damals habe ich Bob kennengelernt. Und wenn ich heute darüber nachdenke, sehe ich, dass unsere Begegnung auch seine zweite Chance war.

Es war an einem düsteren Donnerstagabend im März. London hatte den Winter noch nicht ganz abgeschüttelt. Manche Tage waren klirrend kalt, besonders wenn der Wind von der Themse herüberwehte. An diesem Abend lag sogar ein Hauch von Frost in der Luft. Deshalb kam ich früher als sonst nach Hause, in meine erst vor Kurzem neu bezogene Sozialwohnung in Tottenham, einem Stadtteil im nördlichen London. Meinen Lebensunterhalt verdiente ich mir damals in der Innenstadt – als Straßenmusiker in Covent Garden, dem angesagten Künstler- und Partyviertel im Zentrum von London mit den vielen Pubs, Restaurants und Bühnen.

Wie immer hatte ich meine schwarze Gitarrentasche und den Rucksack geschultert. An diesem Abend war Belle mitgekommen, meine beste Freundin. Vor vielen Jahren waren wir mal ein Paar gewesen, aber inzwischen war unsere Beziehung wirklich rein platonisch. Wir hatten vor, uns beim Take-away neben meinem Mietshaus ein billiges Curry zu holen. Damit wollten wir es uns vor meinem kleinen Schwarzweißfernseher, den ich im Secondhandladen in der Nachbarschaft erstanden hatte, gemütlich machen.

Der Aufzug in meinem Mietshaus war mal wieder außer Betrieb, und die Beleuchtung im Eingangsbereich war auch kaputt. Wir mussten den mühsamen Weg durchs Treppenhaus in den fünften Stock in Kauf nehmen. Als wir uns durch den Flur Richtung Treppenaufgang vortasteten, bemerkte ich trotz der Dunkelheit, wie in einiger Entfernung vor uns ein Augenpaar aufblitzte.

»Wir werden beobachtet«, flüsterte ich Belle zu. Ein kläglicher Ton folgte meiner Bemerkung. Das klang doch ... wie eine Katze in Not!

Vorsichtig tappte ich mich an der Wand entlang auf die immer wieder aufleuchtenden Katzenaugen zu. Und dann wäre ich fast über die Katze gestolpert. Sie hockte zusammengekauert auf der Fußmatte vor einer

Nachbarswohnung und blinzelte mich überrascht an. Eine ziemlich zerrupfte rote Katze.

Ich bin mit Katzen aufgewachsen und hatte schon immer eine große Schwäche für diese stolzen Tiere. Die meisten roten Katzen sind komischerweise männlich, also nahm ich an, einen Kater vor mir zu haben.

Rund um die Wohnanlage war er mir noch nie aufgefallen. Wäre er hier schon einmal aufgetaucht, hätte ich das sicher nicht vergessen. Er hatte eine ganz besondere Ausstrahlung, das erkannte ich trotz der schlechten Lichtverhältnisse sofort.

Er war weder scheu noch verschreckt, sondern strotzte eher vor Selbstbewusstsein. Nur seine Körperhaltung verriet ein gewisses Misstrauen. Für ihn war ich wohl so etwas wie ein Eindringling in sein Revier. Seine großen Augen musterten mich neugierig, und ich konnte fast die Fragezeichen darin lesen: »Wer bist du und was willst du hier?«

Ich beugte mich seinem Willen und ging in die Hocke, um ihn höflich zu begrüßen: »Hallo, mein Freund. Ich sehe dich heute zum ersten Mal. Wohnst du hier?«

Er blieb zurückhaltend und sah mich weiter prüfend an, als wollte er meine Absichten erraten.

Ich streckte die Hand aus, um ihm den Nacken zu kraulen. Es war ein Freundschaftsangebot, aber auch der Versuch, nach einem Halsband oder sonstigen Erkennungszeichen zu tasten. Sehen konnte ich ja kaum etwas, aber auch meine Hand fand keinerlei Anhaltspunkte. Ein Streuner also. Davon gab es in London leider mehr als genug.

Er genoss die Liebkosung. Zum Dank erhob er sich majestätisch und strich mir sanft um die Beine. Ich nutzte die Gelegenheit und ließ meine Hand über seinen Rücken bis zur Schwanzspitze gleiten. Sein Fell fühlte sich stumpf und spröde an. Es war dünn, stellenweise spürte ich nackte Haut. Außerdem konnte ich jede Rippe und jeden Wirbelknochen spüren. Der braucht dringend eine gute Mahlzeit, dachte ich. Und so stürmisch, wie er mich umschmeichelte, fehlte ihm auch eine große Portion Liebe und Aufmerksamkeit.

»Der arme Kerl! Ich glaube, es ist ein Streuner. Er hat kein Halsband und ist unglaublich dünn«, informierte ich Belle, die geduldig am Treppenaufgang auf mich wartete. Sie kannte mich ziemlich gut und somit auch meine Schwäche für Samtpfoten. Unbeeindruckt wies sie mich zurecht: »Nein, James, du kannst ihn nicht mitnehmen!« Sie deutete auf die Wohnungstür hinter dem Kater. »Ich glaube nicht, dass er nur zufällig hier hereinspaziert ist und sich auf diese Matte gesetzt hat. Bestimmt gehört er irgendwelchen Nachbarn. Er wartet nur darauf, dass sie nach Hause kommen.«

Sie war eben die Vernünftigere von uns beiden. Man kann eine Katze nicht einfach mitnehmen, auch wenn alles darauf hindeutet, dass sie kein Zuhause hat. Ich war selbst gerade erst hier eingezogen und noch gar nicht wirklich angekommen. Sollte die Katze tatsächlich den Nachbarn gehören, wären diese zu Recht sauer, wenn ihr Stubentiger plötzlich verschwunden wäre. Außerdem konnte ich in meinem Leben gerade keine zusätzliche Verantwortung brauchen. Ich, ein gescheiterter Musiker auf Drogenentzug, der in einer Sozialwohnung von der Hand in den Mund lebte. Es war schwer genug, für mich selbst zu sorgen.

Als ich am nächsten Morgen die Treppe herunter-kam, war der rote Kater immer noch da. Es sah aus, als hätte er sich in den letzten zwölf Stunden nicht von der Stelle gerührt.

Wieder ging ich in die Hocke und streichelte ihn. Sein lautes Schnurren zeigte mir, wie sehr er die Be-rührung genoss. Ganz hundertprozentig traute er mir zwar immer noch nicht über den Weg, aber mir schien, er fand mich ganz akzeptabel.

Bei Tageslicht konnte ich mir den kleinen Felltiger genauer ansehen: Markant geschnittener Katerkopf und ganz ungewöhnliche gelbgrüne Augen, deren Ausdruckskraft durch sein hellrotes Fell noch zusätz-lich betont wurde. Aber auch Schrammen im Gesicht und an den Beinen, die von einem Kampf oder Unfall stammen konnten. Sein wunderschön gezeichneter Pelz in diversen Rot- bis Beigetönen war tatsächlich stumpf und dünn, teilweise nicht mehr vorhanden. Er tat mir wirklich leid, aber ich zwang mich, vernünftig zu bleiben. Ich hatte genug Probleme. Schweren Her-zens nahm ich den Bus nach Covent Garden, um mir dort mit meiner Musik ein paar Pfund zu verdienen.

Erst gegen zehn Uhr abends war ich wieder zurück in Tottenham. Ich konnte nicht nach oben gehen, ohne nach dem roten Kater zu sehen, aber er war verschwunden. Ich war enttäuscht und erleichtert zugleich. Er war mir schon mehr ans Herz gewachsen, als ich dachte. Aber ich tröstete mich mit dem Gedanken, dass Kater und Besitzer wieder glücklich vereint waren.

Als ich am Samstag gegen Mittag die Treppen hinunterkam, schnürte es mir den Magen zusammen, denn er war wieder da. Aber ich konnte meine Augen nicht länger verschließen: Er war ein rotes Häufchen Elend. Er sah hilfsbedürftiger und zerzauster aus denn je. Und er zitterte, bestimmt vor Hunger und Kälte.

»Da bist du ja wieder«, begrüßte ich ihn und kraulte sein zerrupftes Fell. »Siehst aber gar nicht gut aus heute!«

Ich musste endlich etwas tun.

Entschlossen klopfte ich an die Wohnungstür hinter dem Kater. Ich wollte seine Besitzer finden und zur Rede stellen. Niemand darf sein Haustier so behandeln. Der Kater brauchte Wasser und Futter – und wahrscheinlich auch einen Tierarzt.

Der Kerl, der mir die Tür öffnete, war unrasiert, trug ein Feinripp-Muscleshirt und Jogginghosen. Er sah aus, als hätte ich ihn geweckt. Dabei war es schon Mittag!

»Entschuldigen Sie bitte die Störung. Ist das Ihre Katze?«, fragte ich. Zuerst starrte er mich an, als wäre ich nicht ganz richtig im Kopf. »Welche Katze?«, knarzte er, bevor er nach unten sah und den Kater auf seiner Fußmatte entdeckte. Der hatte sich inzwischen wieder zusammengerollt, als ginge ihn das alles gar nichts an. »Nein!«, antwortete der Nachbar dann mit einem lapidaren Schulterzucken. »Der gehört mir nicht!«

»Er ist schon seit Tagen hier«, teilte ich ihm mit, aber Mr. Feinripp blieb so teilnahmslos wie der Kater auf der Matte.

»Echt? Der hat wohl Essen gerochen oder so was. Also, wie gesagt: Is' nicht meiner!« Sprach's und schlug mir die Tür vor der Nase zu.

Die Würfel waren gefallen.

»Okay, mein Freund, dann kommst du jetzt mit mir«, informierte ich das matte Bündel auf vier Pfoten. Ich öffnete meinen Rucksack und kramte tief unten nach der Packung mit dem Trockenfutter. Das hatte ich immer dabei, weil mir als Straßenmusiker immer viele Katzen und Hunde begegneten, die sich über ein Leckerchen freuten.

Verheißungsvoll schüttelte ich die Schachtel vor seiner Nase. Der Kater sprang sofort auf und lief hinter mir her. Er war ein bisschen wackelig auf den Beinen. Außerdem bemühte er sich, eine Hinterpfote nicht zu belasten. Wir kamen nur langsam voran. Der Weg bis zu meiner Wohnung im fünften Stock war beschwerlich für den geschwächten Kämpfer. Aber er war zu stolz oder auch zu misstrauisch, um sich von mir tragen zu lassen.

Meine vier Wände waren damals noch ziemlich bescheiden eingerichtet. Außer dem Fernseher gab es nur eine gebrauchte, ausziehbare Couch, eine Matratze in der Ecke des kleinen Schlafzimmers und in der Küchenzeile einen altersschwachen Kühlschrank, eine Mikrowelle, Wasserkocher und Toaster. Keinen

Herd. Meine persönlichen Dinge beschränkten sich auf meine Bücher, Videokassetten und ein paar kuriose Staubfänger. Man könnte mich mit einer Elster vergleichen, weil ich gern Dinge mit nach Hause nehme, die andere Leute wegwerfen. Meine letzten Errungenschaften waren eine kaputte Parkuhr und eine ramponierte Schaufensterpuppe mit Cowboyhut, die meine kahlen Zimmerecken schmückten. Meine Freunde interessierten sich immer sehr für die Kuriositäten in meiner Bude, aber der Kater fand auf seinem ersten Rundgang nur die Küche interessant.

Ich holte die Milch aus dem Kühlschrank, goss etwas davon in eine Untertasse mit hohem Rand und mischte etwas Wasser darunter, da Katzen – entgegen der allgemeinen Meinung – Milch nicht gut vertragen. Bereits nach wenigen Sekunden hatte er alles aufgeschleckt.

Ich hatte noch etwas Thunfisch im Kühlschrank. Den vermischte ich mit dem Trockenfutter aus meinem Rucksack und gab dem Kater eine volle Schüssel. Auch diese Portion war sofort verschlungen. Der Arme musste kurz vor dem Verhungern sein!

Nach dem kalten, ungemütlichen Flur war meine bescheidene Wohnung scheinbar die reinste Fünf-Sterne-Luxusunterkunft für ihn. Er zeigte keinerlei Unbehagen in der neuen Umgebung. Hoch erhobenen Schwanzes steuerte er nach seinem exquisiten Mahl zielstrebig auf die Heizung im Wohnzimmer zu. Dort rollte er sich zufrieden zusammen und schloss sogar die Augen.

Ich setzte mich zu ihm auf den Boden, um mir sein Hinkebein anzusehen. Am Oberschenkel seines rechten Hinterbeins klaffte eine tiefe Bisswunde. Vielleicht von einem Kampf mit einem Hund oder Fuchs. Jedenfalls sah die Verletzung aus, als hätte er versucht, sich mit Gewalt loszureißen. Auch die Schrammen und Kratzer sprachen für einen Kampf auf Leben und Tod.

Die Wunde musste dringend gereinigt werden. Dazu stellte ich ihn in die Badewanne, besprühte die Wunde mit alkoholfreiem Wundspray und schmierte Vaseline auf seine Schrammen. Die meisten Katzen wären bei dieser Behandlung ausgerastet. Diese hier hielt mucksmäuschenstill. Kein Jammern, kein Klagen, kein Maunzprotest und keine empört aufgestellten Haare. Er versuchte auch nicht, mich zu kratzen oder sich aus dem Staub zu machen. Was für ein tapferer kleiner Krieger!

Den Rest des Tages verbrachte ein zufrieden zusammengerolltes rotes Fellknäuel unter meiner Heizung. Ich hatte ihm eine Decke hingelegt, als mir klar wurde, dass dies wohl der auserwählte Lieblingsplatz war. Kurzfristige Energieschübe zwischendurch nutzte er zur Erkundung der neuen Umgebung. Er nahm sein neues Zuhause in Besitz, sprang überall hoch und kratzte genüsslich an allem, was Widerstand bot. Besonders die Schaufensterpuppe hatte es ihm angetan. Es machte mir nichts aus. Schließlich hatte ich keine teuren Designermöbel. Ich gönnte ihm seinen Spaß.

Offenbar steckte eine Menge aufgestauter Energien in dem kleinen Kerl, die er loswerden musste. Bei einer dieser Anwandlungen sprang er plötzlich zu mir auf die Couch und ging mit den Pfoten auf mich los. Es war eine Aufforderung zum Spiel, aber er war so übermütig, dass er mir im Eifer des Gefechts die Hand zerkratzte. »Okay, mein Freund, jetzt ist Schluss mit lustig«, schimpfte ich, klaubte ihn von meinem Schoß und setzte ihn zurück auf den Fußboden. Junge, unkastrierte Kater können sehr ungestüm sein. Und dieser hier steckte scheinbar schon mitten in der Pubertät. Jedenfalls benahm er sich wie ein wilder kleiner Straßenrowdy und hatte wenig gemein mit einem Samtpfötchen.

Den Abend verbrachte ich vor dem Fernseher, der Kater sichtlich zufrieden unter der Heizung. Er bewegte sich erst wieder, als ich ins Bett ging. Er folgte mir und kuschelte sich am Fußende meiner Matratze wie selbstverständlich auf meine Bettdecke. Sein leises Schnurren in der Dunkelheit weckte in mir ein längst vergessenes Gefühl von Geborgenheit. Ich war nicht mehr allein – zum ersten Mal seit langer Zeit.

Am Sonntag stand ich ziemlich früh auf. Ich wollte versuchen, auf einem Spaziergang durch die Nachbarschaft seine Besitzer ausfindig zu machen. Vielleicht hatten diese ja bereits Aushänge mit einer Vermisstenanzeige verteilt. Kopierte Hilferufe hingen damals überall. An Straßenlaternen, an Litfaßsäulen und sogar an Bushaltestellen baten Tierbesitzer um

Mithilfe bei der Suche nach ihren vermissten Lieblingen. Ich fragte mich schon, ob eine »Cat-Napping«-Bande ihr Unwesen trieb, weil so viele Stubentiger vermisst wurden.

Den Kater nahm ich mit, nur für den Fall, dass ich seinen Besitzer gleich fand. Zur Sicherheit hatte ich ihm aus Schuhbändern ein Halsband und eine Leine gebastelt. Auf dem Weg durch das Treppenhaus wich er nicht von meiner Seite, doch sobald wir im Hof waren, zog er ungestüm an dem ihn behindernden Band. Wollte er weg oder nur in Ruhe sein Geschäft verrichten? Ich ließ ihn frei. Er humpelte auf den Rasen und verschwand hinter ein paar Büschen. Aber nur lange genug, um sich zu erleichtern, dann war er wieder da und schlüpfte ohne Murren zurück in das provisorische Geschirr.

Dieses Vertrauen wollte und würde ich keinesfalls enttäuschen. In diesem Moment gelobte ich, für ihn da zu sein, solange er mich brauchte.

Meine erste Anlaufstelle war die Nachbarin auf der anderen Straßenseite. Sie war als Katzenmutter bekannt, denn sie fütterte alle Streuner aus der Nachbarschaft und ließ sie, wenn nötig, auch kastrieren. Als sie mir die Tür öffnete, zählte ich hinter ihr im Haus mindestens fünf Katzen. Wie viele noch bei ihr wohnten, wollte ich gar nicht wissen. Angeblich kannte jede Katze aus der Umgebung ihren Garten, weil es dort immer Futter gab. Keine Ahnung, wie sie sich das leisten konnte.

Auch sie erlag sofort dem Charme meines Begleiters und versuchte, ihn mit einem Leckerbissen anzulocken. Sie war wirklich sehr freundlich, konnte uns aber nicht weiterhelfen. Auch sie hatte den roten Kater nie zuvor in unserer Gegend gesehen.

»Ich wette, er kommt aus einem anderen Stadtteil und wurde hier ausgesetzt«, mutmaßte sie und versprach, sich zu melden, falls doch noch ein verzweifelter Katzenbesitzer bei ihr auftauchen sollte. Mittlerweile hielt ich das für sehr unwahrscheinlich. Tottenham war nicht sein Revier. Es gab noch eine Möglichkeit, meine Vermutung zu bestätigen: Ich nahm dem abgemagerten Garfield-Verschnitt die Leine ab. Sollte er zielstrebig weglaufen, hätte ich eine neue Spur. Aber er fühlte sich sichtlich unbehaglich und blieb neben mir stehen. Sein fragender Blick war herzerweichend: »Du willst mich doch jetzt nicht loswerden? Wo soll ich denn hin?« Da hatte ich meine Antwort.

Aber die Suche wollte ich noch nicht abbrechen. In den nächsten paar Stunden durchkämmten wir die umliegenden Straßen, und ich sprach Passanten an. Immer dieselbe Frage: »Haben Sie diesen Kater schon mal gesehen? Kennen Sie seinen Besitzer?« Immer dieselben teilnahmslosen Blicke, manchmal sogar ein »aufwendiges« Schulterzucken.

Rotpelzchen wich mir nicht von der Seite – bis auf eine weitere Pipi-Pause, für die er kurzzeitig von der Bildfläche verschwand. Beim Laufen in der frischen Luft kriegt man den Kopf frei, heißt es. Mir hingegen schwirrte der Kopf vor lauter Fragen: Wo kommt er her? Wie hat er gelebt, bevor er auf der Fußmatte in unserem Hausflur landete?

Ich ließ meiner Fantasie freien Lauf: Wie die Katzenmutter von gegenüber konnte ich mir gut vorstellen, dass er früher in einer Familie gelebt hatte. Er war so ein wunderschönes Tier, hätte als Weihnachts-

oder Geburtstagsgeschenk sicher jedes Kind begeistert. Aber rote Kater haben mehr Temperament als ihre Artgenossen, besonders die jungen, unkastrierten, wie ich gestern selbst hatte erleben dürfen. Sie sind viel dominanter und wilder. Ich vermutete also, je verrückter und unbändiger er sich beim Heranwachsen benahm, desto lästiger wurde er seiner Familie.

Ich hörte förmlich die Eltern stöhnen: »Jetzt reicht's!« Aber anstatt ihn im Tierheim oder bei der RSPCA, dem bekanntesten Tierschutzverein Englands, abzugeben, haben sie ihn einfach ins Auto verfrachtet, sind mit ihm herumgefahren und haben ihn irgendwo ausgesetzt.

Katzen haben zwar einen stark ausgeprägten Orientierungssinn, aber bestimmt wurde er wohlweislich weit weg von zu Hause »entsorgt«, damit er nicht mehr zurückfand. Vielleicht war er aber auch nicht glücklich bei seiner Ex-Familie gewesen und hatte selbst beschlossen, loszuziehen und sich einen netteren Dosenöffner zu suchen. Katzen tun das manchmal.

Er könnte auch einer alten Dame gehört haben, die verstorben war.

Nichts davon musste stimmen. Da er sein Geschäft nur im Freien verrichtete, war es auch gut möglich, dass er noch nie in einer Familie gelebt hatte. Dagegen sprach allerdings seine Zutraulichkeit. Er mochte Menschen, schien jeden in Frage kommenden Versorger zu umschmeicheln, so wie er es mit mir getan hatte.

Ein wichtiger Hinweis auf einen Teil seiner Vergangenheit war für mich die schlimme Bisswunde am Bein. Die Wunde eiterte bereits, war also ein paar Tage alt. Sie brachte mich auf eine weitere Idee zu seinem Vorleben:

In London hat es schon immer viele Straßenkatzen gegeben, Streuner, die durch Nebenstraßen und Hinterhöfe streiften und von den Abfällen und Almosen fremder Menschen lebten. Schon vor fünf- oder sechshundert Jahren waren die Gresham Street im Zentrum von London, Clerkenwell Green und Drury Lane bekannt als Katzenreviere. Es muss dort nur so gewimmelt haben von verwilderten Rudeln.

Auch heute noch sind Londons Streuner ein unerwünschter Ballast in dieser Stadt, ausgemustert und weggeworfen von einer übersättigten und respektlosen Wohlstandsgesellschaft. Sie streunen ziellos umher und kämpfen täglich ums nackte Überleben. Viele von ihnen sind misshandelte, gebrochene Kreaturen. War mein verwundeter Kämpfer einer von ihnen? Vielleicht hatte er einen Seelenverwandten gesucht und in mir gefunden.

JULE

EVA DEMSKI

Aus meiner Katze
ist die Mordlust gewichen
Jetzt ist sie alt. Tupft zärtlich neben die Fliege
winkt mit der Pfote
den Vögeln Adieu.
Wenn sie denkt, dass ich nicht hinschaue
zittert sie mit dem Kinn
Spricht sehnsuchtsvoll
Wörtchen der Erinnerung
an glorreiche Jagden von einst.
Manchmal liegen Federn im Garten.
Sie sieht sie an, lang.
Das war ich nicht, sagt sie
zu mir.

Katzen sind mein ein und alles.«

Mit diesen Worten begrüßte mich Mrs. Bond, als ich das erste Mal zu ihr kam. Dabei schob sie energisch das Kinn vor und ergriff meine Hand mit festem Druck. Sie war eine Frau mittleren Alters mit einem scharf geschnittenen, ausdrucksvollen Gesicht und von imponierender Gestalt. Da ich ihr auf keinen Fall zu widersprechen gedachte, nickte ich nur ernst und verständnisvoll und ließ mich von ihr ins Haus führen.

Ich sah sofort, was sie meinte. Die große Wohnküche war über und über von Katzen bevölkert: Sie lagen auf Sofas und Stühlen, wälzten sich auf dem Boden, hockten reihenweise auf den Fensterbrettern und kauerten in allen Winkeln und Ecken. Und mitten in diesem Tohuwabohu saß der kleine Mr. Bond, bleich und glatzköpfig, in Hemdsärmeln und las die Zeitung – ein Anblick, der mir mit der Zeit sehr vertraut werden sollte.

Ich hatte natürlich schon von den Bonds gehört. Sie stammten aus London und hatten sich aus irgendeinem unerklärlichen Grund North Yorkshire als Ruhesitz gewählt. Sie lebten still für sich mit ihren Katzen in einem alten Haus, das sie gekauft hatten, an der Peripherie von Darrowby. Anscheinend hatten sie ein bißchen Geld. Man hatte mir erzählt, daß Mrs. Bond es sich zur Gewohnheit gemacht habe, streunende Tiere aufzunehmen, sie zu füttern und ihnen ein Zuhause zu bieten, falls die Tiere darauf Wert legten. Diese Eigenschaft hatte mich von vornherein sehr für sie eingenommen, denn nach meiner Erfahrung wurden Katzen als eine Art Freiwild betrachtet. Die Leute behandelten sie grausam, schossen auf sie, warfen mit Steinen und allem möglichen nach ihnen, gaben ihnen nichts zu essen und hetzten rein aus Spaß ihre Hunde auf sie. Es war wohltuend, jemandem zu begegnen, der sich ihrer annahm.

Mein Patient bei diesem ersten Besuch war ein junger Kater, ein kleines schwarz-weißes Knäuel, der verschreckt in einer Ecke kauerte.

»Er gehört zu den Außenkatzen«, erklärte Mrs. Bond mit dröhnender Stimme.

»Außenkatzen?«

»Ja. Alle, die Sie sonst hier sehen, gehören zu den

Innenkatzen. Die anderen sind die wirklich wilden – weigern sich einfach, das Haus zu betreten. Ich füttere sie natürlich, aber sie kommen nur rein, wenn sie krank sind.«

»Ich verstehe.«

»Ich mache mir Sorgen um die Augen von diesem kleinen Kater – es sieht aus, als ob eine Haut darüberwächst, und ich hoffe, Sie können was für ihn tun. Er heißt übrigens Alfred.«

»Alfred? Ach ja, natürlich.« Ich ging behutsam auf das halb ausgewachsene Tier zu. Sofort zeigte es die Krallen und empfing mich mit einem wütenden Fauchen, doch es war in seiner Ecke gefangen und konnte nicht davonlaufen. Es würde nicht leicht sein, den Kater zu untersuchen. Ich wandte mich an Mrs. Bond. »Kann ich bitte eine Decke haben? Oder auch nur ein altes Bügeltuch, das genügt. Ich muß ihn einwickeln.«

»Einwickeln?« Mrs. Bond machte ein bedenkliches Gesicht, als sie im Nebenzimmer verschwand und kurz darauf mit einem zerfetzten Baumwollaken zurückkehrte.

Ich räumte den Tisch ab, auf dem unzählige Katzenschüsseln, Katzenbücher und Fläschchen mit Katzenmedizin standen, und breitete das Laken aus; dann näherte ich mich wieder meinem Patienten. In einer Situation wie dieser muß man sich Zeit lassen, und nach etwa fünf Minuten war es mir durch sanftes Zureden gelungen, daß ich seinen Kopf mit der Hand streicheln konnte. Dann packte ich ihn rasch am Genick, trug den wie wild protestierenden und strampelnden Alfred zum Tisch hinüber, legte ihn, die Hand noch immer fest am Genick, auf das Laken und begann mit der Prozedur des Einwickelns.

Es handelte sich dabei um ein Verfahren, das man häufig bei ungebärdigen Katzen anwenden muß, und ich verstehe mich, wenn ich das von mir selbst behaupten darf, recht gut darauf. Man muß das Tier ordentlich fest in die Decke einrollen und dabei lediglich den für die Untersuchung oder Behandlung notwendigen Körperteil freilassen: eine verletzte Pfote, den Schwanz und so weiter. In diesem Fall mußte es der Kopf sein. Ich glaube, als Mrs. Bond mich das Tier einwickeln sah, bis nur noch der kleine schwarz-weiße Kopf aus der unbeweglichen Stoffhülle hervorschaute, faßte sie jenes blinde Vertrauen zu mir, das sie mir von da an entgegenbrachte. Alfred und ich standen uns jetzt sozusagen Auge in Auge gegenüber, und er konnte nichts dagegen tun.

Ich bin, wie gesagt, ziemlich stolz auf diese Fingerfertigkeit und weiß, daß Kollegen, auch wenn sie mir sonst nicht allzuviel zutrauen, noch heute anerkennend sagen: »Eines kann der alte Herriot wie kein zweiter – eine Katze einwickeln!«

Wie sich herausstellte, wuchs keine Haut über Alfreds Augen. Das geschah niemals.

»Er hat eine Lähmung des dritten Augenlids, Mrs. Bond, jener Membrane, die das Auge der Tiere schützt. Bei Alfred hat das Lid sich nicht wieder geöffnet – das Tier ist vermutlich in zu schlechtem körperlichen Zustand. Ich werde ihm eine Vitaminspritze geben und lasse Ihnen ein Pulver da, das Sie ihm unters Futter mischen. Falls es Ihnen gelingt, den Kater ein paar Tage im Haus zu behalten, ist er in ein, zwei Wochen sicher wieder in Ordnung.«

Die Spritze war kein Problem, denn Alfred, so wütend er auch war, konnte sich in seinem Laken nicht rühren, und damit war mein erster Besuch bei den Bonds beendet.

Der erste von vielen, vielen. Mrs. Bond und ich standen von Anfang an in freundschaftlichen Beziehungen zueinander, denn ich war jederzeit bereit, Zeit für ihre diversen Schützlinge aufzuwenden: Wenn es galt, eine Außenkatze einzufangen, kroch ich hinter dem Haus auf dem Bauch unter Holzstöße, überredete das Tier mit sanften Worten, vom Baum herunterzukommen, oder verfolgte sie endlos durch den verwilderten Garten. Doch diese Mühe lohnte sich in vielerlei Hinsicht.

Da war zum Beispiel die Mannigfaltigkeit der Namen, mit denen Mrs. Bond ihre Katzen benannte: Getreu ihrer Londoner Herkunft gab sie vielen Katzen die Namen großer Fußballstars der damaligen Zeit. Es gab einen Eddie Hapgood, einen Cliff Bastin, einen Ted Drake, doch was Alex James anging, unterlag sie einem Irrtum, denn er bekam mit schöner Regelmäßigkeit dreimal im Jahr Junge.

Mrs. Bond hatte auch ihre eigene Art, die Tiere ins Haus zu locken. An einem stillen Sommerabend beobachtete ich sie dabei zum erstenmal. Die beiden Katzen, die ich untersuchen sollte, waren irgendwo draußen im Garten, und ich ging mit ihr zur Hintertür, wo sie stehenblieb und, die Hände über der Brust gefaltet, die Augen geschlossen, mit einschmeichelnder Altstimme zu rufen begann.

»Bates, Bates, Bates, Ba-hates.« Abgesehen von einem reizenden kleinen Triller bei »Ba-hates« sang sie die Worte in feierlichem, gleichbleibendem Ton heraus. Dann hob sie wie eine Primadonna in der Oper ein zweitesmal ihren gewaltigen Brustkasten, und wieder drang es gefühlvoll aus ihrer Kehle: »Bates, Bates, Bates, Ba-hates.«

Auf jeden Fall hatte es die gewünschte Wirkung, denn der Kater mit Namen Bates kam im Trab hinter einem Lorbeerbusch hervor. Jetzt mußte noch der andere Patient herbeigerufen werden, und ich wartete gespannt.

Mrs. Bond nahm abermals die gleiche Haltung ein, holte tief Luft, schloß die Augen, verzog das Gesicht zu einem leisen Lächeln und fing wieder an:

»Siebenmal-drei, Siebenmal-drei, Siebenmal-dreihei.« Es war auf die gleiche Melodie wie Bates abgestimmt mit dem gleichen wohlklingenden Steigen und Fallen am Ende. Aber diesmal war die Wirkung nicht so prompt; sie mußte den Namen ein ums andere Mal wiederholen, und die Töne, die in der stillen Abendluft nachhallten, klangen wie der Singsang eines Muezzins, der die Gläubigen zum Gebet ruft.

Schließlich hatte sie Erfolg, und eine fette Schildpattkatze schlich sich schuldbewußt ins Haus.

»Ach, entschuldigen Sie, Mrs. Bond«, sagte ich in beiläufigem Ton, »ich habe den Namen dieser letzten Katze nicht ganz verstanden.«

»Oh, Sie meinen Siebenmal-drei?« Mrs. Bond lächelte liebevoll. »Das ist ein ganz besonders liebes Tier. Hat siebenmal hintereinander drei Junge geworfen – so kam ich auf den Namen. Er ist doch sehr passend, finden Sie nicht auch?«

»Aber ja, das ist er. Ganz ausgezeichnet!«

Noch etwas anderes machte mir Mrs. Bond sympathisch; ihre Besorgnis um meine Sicherheit, ein keineswegs weitverbreiteter Zug unter Tierbesitzern. Sie kam mir an der Tür jedesmal mit einem Paar riesiger

Stulpenhandschuhe entgegen, um meine Hände vor Kratzwunden zu schützen, und ich genoß das Gefühl, daß sich jemand um einen sorgte. Es wurde zu einem festen Bestandteil meines Lebens, durch den von zahllosen verstohlen umherschleichenden, wild um sich schauenden kleinen Geschöpfen – den sogenannten Außenkatzen – bevölkerten Garten zur Haustür zu gehen, dort feierlich die Handschuhe entgegenzunehmen und dann in die von starkem Katzengeruch erfüllte Küche einzutreten, wo der kleine Mr. Bond mit seiner Zeitung inmitten des Katzengerangels thronte. Ich habe nie herausfinden können, wie Mr. Bond zu Katzen stand – ja, wenn ich es mir recht überlege, sprach er kaum jemals ein Wort –, aber ich glaube, daß sie ihm ziemlich gleichgültig waren.

Die Stulpenhandschuhe waren eine große Hilfe und manchmal ein wahrer Segen. Wie zum Beispiel im Fall von Boris. Boris war ein riesiger, blauschwarzer Außenkater und mir in mehr als einer Beziehung ein Dorn im Auge. Ich war insgeheim der Überzeugung, daß er aus einem Zoo entlaufen war: Noch nie hatte ich eine Hauskatze mit solch kräftigen, geschmeidigen Muskeln, solch verhaltener Wildheit gesehen. Ich bin sicher, daß etwas von einem Puma in ihm steckte.

Es war ein schwarzer Tag für die Katzenkolonie, als er bei Mrs. Bond erschien. Ich liebe Tiere und habe eigentlich nie verstanden, wie man sie nicht mögen kann. Wenn wirklich einmal ein Tier uns angreift, dann aus Angst, meine ich, aber Boris war anders. Er war von Natur aus bösartig, und von dem Tag an, wo er auf der Bildfläche erschien, nahmen meine Besuche merklich zu, denn er hatte die Angewohnheit, regelmäßig auf seine Artgenossen loszugehen. Ständig mußte ich zerfetzte Ohren nähen oder Bißwunden verbinden.

Wir hatten schon bald Gelegenheit, unsere Kräfte aneinander zu erproben. Mrs. Bond hatte mich gebeten, Boris eine Wurmmedizin zu geben, und ich hielt die kleine Tablette mit einer Pinzette bereit. Wie es mir gelang, ihn zu erwischen, weiß ich nicht mehr, jedenfalls beförderte ich ihn auf den Tisch und wandte eilig mein gewohntes Einwickelverfahren an. Ein paar Sekunden lang glaubte ich, ihn besiegt zu haben, während er mich mit funkelnden, haßerfüllten Augen aus seiner Umhüllung anstarrte. Aber als ich ihm die Pinzette mit der Pille ins Maul schob, biß er wütend darauf, und gleichzeitig fühlte ich, wie seine Krallen mit überraschender Kraft innen am Laken zu reißen begannen. In wenigen Augenblicken war alles vorüber. Eine lange Vorderpfote schnellte heraus und versetzte mir einen Hieb gegen das Handgelenk; ich ließ den Hals des Tieres los, und Boris schlug mit einer blitzartigen Bewegung die Zähne durch den Handschuh in meinen Daumenballen, dann schoß er davon. Die zerbrochene Wurmtablette in der blutenden Hand, stand ich wie betäubt da und starrte fassungslos auf die Fetzen, die einmal mein Wickellaken gewesen waren. Von da ab verabscheute Boris meinen bloßen Anblick, und das Gefühl war gegenseitig.

Aber dies war eine der wenigen Wolken an einem meist heiteren Himmel. Ich hatte auch weiterhin Freude an meinen Besuchen bei Mrs. Bond, und das Leben nahm einen friedlichen Lauf, abgesehen vielleicht von einigen Neckereien seitens meiner Kollegen, die nicht verstanden, daß ich so viel Zeit an einen Haufen Katzen verschwendete. Siegfried teilte ihre Meinung voll und ganz, denn er war prinzipiell dagegen, daß die

Leute sich Haustiere hielten. Er hatte dafür einfach kein Verständnis und machte jedem, der es hören wollte, seinen Standpunkt klar. Dabei hatte er selbst fünf Hunde und zwei Katzen. Die Hunde fuhren ständig überall mit hin, und er duldete nicht, daß jemand anders als er sie und die Katzen fütterte. Abends, wenn er im Sessel am Kaminfeuer saß, lagen alle sieben Tiere zu seinen Füßen. Er ist auch heute noch ein leidenschaftlicher Gegner von Haustieren, obwohl ihn beim Fahren längst eine neue Generation von Hunden schwanzwedelnd begleitet und er Besitzer von mehreren Katzen, einigen Aquarien und zwei Schlangen ist.

Tristan kam nur ein einziges Mal zu Mrs. Bond mit. Leicht verlegen ging ich vor ihm her durch den Garten. Mit ein Grund für meine gute Beziehung zu Mrs. Bond war mein liebevolles Interesse für ihre Schützlinge. Mochten sie auch noch so wild und wütend sein, ich zeigte stets nur Sanftmut, Geduld und Besorgnis; und ich brauchte nicht einmal zu schauspielern, denn es entsprach einfach meiner Natur. Aber jetzt war ich von der bangen Sorge erfüllt, ob Tristan mein Verhalten den Katzen gegenüber wohl gutheißen würde.

Mrs. Bond, die an der Haustür wartete, hatte die Situation sofort erfaßt und hielt zwei Paar Handschuhe bereit. Tristan ließ sich seine Überraschung nicht anmerken, sondern dankte ihr vielmehr mit seinem üblichen Charme.

Doch als er die Küche betrat, den scharfen Geruch einatmete und das Gewimmel von Katzen sah, merkte man ihm sein Erstaunen doch an.

»Leider handelt es sich um Boris, Mr. Herriot«, sagte Mrs. Bond. »Er hat einen Knochensplitter zwischen den Zähnen.«

»Boris!« Mir blieb vor Schreck die Luft weg. »Wie um alles in der Welt sollen wir ihn einfangen?«

»Schon erledigt!« erwiderte sie zufrieden. »Ich hab ihn mit ein paar Happen von seiner Lieblingsnahrung in diesen Katzenkorb gelockt.«

Tristan legte die Hand auf den großen, geflochtenen Korb auf dem Tisch. »Er ist hier drin, nicht wahr?« fragte er beiläufig. Er schob den Riegel zurück und öffnete den Deckel.

Tristan und Boris sahen einander gespannt an, dann sprang ein geschmeidiger schwarzer Körper lautlos an ihm vorbei und war mit einem Satz oben auf dem Schrank.

»Mein Gott!« sagte Tristan, »Was war das?«

»Das war Boris«, erwiderte ich, »und jetzt müssen wir sehen, wie wir ihn wieder einfangen.« Ich kletterte auf einen Stuhl, legte meine Hand vorsichtig auf die obere Schrankkante und rief mit leiser, weicher Stimme Boris' Namen.

Tristan schien die Sache zu lange zu dauern: Er sprang plötzlich hoch und packte Boris beim Schwanz, doch er konnte ihn nur einen Augenblick festhalten. Mühelos riß der große, schwere Kater sich los und sauste wie vom Teufel besessen durch die Küche, über Schränke und Kommoden hinweg, an Vorhängen hinauf und hinunter.

Tristan postierte sich an einem strategischen Punkt, und als Boris an ihm vorüberschoß, schlug er mit dem Handschuh nach ihm. »Verfehlt!« rief er bekümmert. »Aber jetzt ... da kommt er wieder ... halt, du schwarzes Biest! Verdammt noch mal, er läßt sich nicht fangen!«

Vom Lärm herabfallender Teller, Töpfe und Pfannen und von Tristans Rufen und hastigen Bewegungen aufgeschreckt, rannten nun auch die zahmen kleinen Innenkatzen umher und warfen um, was Boris verfehlte. Der Aufruhr und das Getöse drangen sogar bis zu Mr. Bond durch, denn er hob einen Augenblick den Kopf und blickte leicht überrascht auf, ehe er sich wieder seiner Zeitung zuwandte.

Tristan, von Jagdfieber gepackt, fand die Sache außerordentlich amüsant. Ich krümmte mich innerlich, als er mir beglückt zurief:

»Treiben Sie ihn weiter, Jim, bei der nächsten Runde krieg ich ihn!«

Es gelang uns nicht, Boris einzufangen. Wir mußten darauf vertrauen, daß der Knochensplitter sich früher oder später von selber löste. So war es insgesamt keine sehr erfolgreiche Visite, doch Tristan lächelte zufrieden, als wir in den Wagen stiegen. »Das war großartig, Jim. Ich ahnte nicht, daß Sie so viel Spaß mit Ihren Katzen haben.«

Mrs. Bond dagegen schien weniger angetan.

»Mr. Herriot«, sagte sie ein wenig vorwurfsvoll, als ich das nächste Mal hinkam, »diesen jungen Mann bringen Sie hoffentlich kein zweites Mal mehr mit.«

VON TATZEN UND TASTEN

KARIN TAMCKE

Manchmal habe ich eine Vision: Ich sitze an meinem Computer, die Gedanken fließen frei und flüssig in die Tasten, ein Wort reiht sich sinnvoll ans andere und nichts und niemand stört mich dabei. Alpha-Wellen durchspülen stimulierend mein Gehirn und schenken mir jene Versunkenheit, die notwendig ist für große Ideen.

Und dann holt es mich jäh ein, das wahre Leben. Es holt mich ein auf vier weißen Pfoten, die kurz überm Knöchel in ein zartes Grau mit Tigerstreifen übergehen und schließlich den Zusammenhalt an einem zierlichen, geschmeidigen Körper finden. Es holt mich ein auf diesen überaus weichen, rundlichen und Harmlosigkeit ausstrahlenden Pfoten, die dennoch nichts anderes im Sinn zu haben scheinen, als zielstrebig über die Tastatur zu tappen und damit mein Geschreibsel in ein absolutes Chaos zu verwandeln, mir Funktionen ins Programm zu trampeln, bei denen ich nicht den blassesten Schimmer habe, wie sie wieder zu löschen sind. Pfoten, die sich nachdrücklich weigern, den zur Ruhestätte erkorenen Platz wieder zu verlassen, die den restlichen Körper entschlossen nach sich ziehen und sich bequem unter selbigen kuscheln, während auf dem Bildschirm ein mittelschweres Gewitter tobt. Und wieder offenbart sich, was ich schon längst vermutet habe: Computer und Katzen sind absolut nicht kompatibel.

Panik und Entsetzen machen sich breit. Vom Adrenalinschub gesteuert, greifen meine Hände ins seidenweiche Tigerfell, um es samt Inhalt aus der Gefahrenzone zu entfernen. Ich gebe es ja nicht gerne zu, aber zwischen meinem Computer und mir herrscht zurzeit noch eine sehr fragile Beziehung, die Einmischungen aller Art nicht verträgt. Jeder für sich funktioniert ausgezeichnet und in hohem Maße störungsfrei, doch in dem Moment, in dem wir aufeinandertreffen, entwickelt sich ein ganz besonderes Spannungsfeld. Deshalb gibt es auch diesen Pakt: Ich verschone ihn einfühlsam mit Experimenten, er bedankt sich wohlwollend mit reibungslosem Arbeitsablauf. Katzen sind dabei nicht vorgesehen. Und nun habe ich den Salat. Wo vorher Text war, herrscht jetzt Chaos. Ein Chaos aus Buchstaben und verwirrenden Zeichen. Unverständliche Fragen drängen auf Antwort. Der Drucker wirft beleidigt eine Leerseite nach der anderen aus. Wie soll ein Computer auch schon reagieren, wenn man 23 Tasten auf einmal drückt?

Die nächste Heimsuchung folgt in Form eines Angriffes auf die Computermaus mit ihrem langen Mäuseschwanz, der sich aufreizend über das Mauspad schlängelt. Wie lange hält wohl ein Kabel durch, wenn sich spitze Zähnchen mit Hingabe in die Ummantelung graben?

Es gibt aber auch Übergriffe subtilerer Art. Beim Anschlag der Tasten stellte ich bald eine progressive Schwergängigkeit fest. Kein sattes Klick-Geräusch mehr beim Tippen. Bei Risiken und Nebenwirkungen fragen Sie Ihre Katze: Heimlich hatte sie ihr Fell auf die Tastatur gefusselt und als dicke Dämmschicht zwischen die Tasten gelegt.

Natürlich versuche ich schon im Vorwege, die Katastrophen zu verhindern. Niemals drücke ich den Einschaltknopf ohne vorherigen Rundblick durch den Raum. Die Katze ist nicht da? Gut so. Aber Katzen beherrschen eine besondere Kunst: Sie können sich unsichtbar machen. Und während meine Aufmerksamkeit schwindet und tiefer Versunkenheit weicht, nähert sich lautlos und schleichend erneut die Katastrophe, die Heimsuchung auf vier Pfoten. Urplötzlich ist sie wieder da, landet leicht und federnd in meinem persönlichen Krisengebiet. Und ich versuche noch, das Verhängn..9§/,p +ay0jncjc-´?ov 6§§i70b,409ß´gb-84nv7rk

ßp&9$u

p r7v   2m

a ? ä

#q

MIT KATZEN LEBEN

PATRICIA HIGHSMITH

Müsste ich den Satz »Ich mag Katzen, weil ...« beenden, wäre meine Antwort vielleicht nicht gerade preiswürdig, aber ich weiß, was ich an ihnen mag und warum. Ich mag Katzen, weil sie anmutig und leise und dekorativ sind – halbwegs zähmbare kleine Löwen in unseren Wohnungen. Im Allgemeinen machen sie wenig Lärm, obwohl rollige Siamesen alles andere als leise sind. Ich glaube, dass Katzen leichter zu halten sind als Hunde, muss aber einräumen, dass man mit Hunden besser verreisen kann.

Zur Entkräftung der üblichen Einwände, dass Katzen Möbel verkratzen und im Haus ihre Duftmarken hinterlassen, kann ich sagen, dass ich in dieser Hinsicht Glück hatte, denn ich kenne menschliche Behausungen, in denen Katzen die Oberhoheit an sich gerissen haben. In meinem Fall befindet sich in der Haustür eine ovale Katzentür mit Plastikvorhang, und meine zwei Siamesen verrichten ihre Notdurft lieber im Freien als in ihrem sogenannten Katzenklo, obwohl ich sie in jungen Jahren mit diesem Hygieneartikel vertraut gemacht habe. Sobald sie konnten, zogen sie das Leben in freier Wildbahn vor. Ich lebe auf dem Land, und mein Garten ist eingezäunt, was ihnen und mir das Leben erleichtert. Der Vorstellung, einen Hund mehrmals am Tag auszuführen, ob es regnet oder schneit, kann ich nicht viel abgewinnen. Und das Problem mit dem Kratzen habe ich auch pragmatisch gelöst, indem ich einen Fußabstreifer an ein Brett genagelt habe, oben und unten mit breiten Gummibändern befestigt; diese Konstruktion lehnt an einer entlegenen Wand in der Toilette im Erdgeschoss, und die Katzen schlagen ihre Krallen mit Genuss hinein, weil es so schön knistert. Die schräge Neigung der Fußmatte lockt sie an, ganz anders als die lotrechten

Kratzbäume mit ihrem künstlichen Geruch, die für teures Geld in Tierhandlungen verkauft werden.

Während ich mir gut vorstellen könnte, dass Hunde ähnlich naiv denken wie Sherlock Holmes' Faktotum Dr. Watson, halte ich Katzen für raffinierter. Hunde und Katzen sind von ihrem Geruchssinn weit abhängiger als von ihrem Gesichtssinn, aber einem Hund ist zuzutrauen, dass er sich für etwas interessiert, was ihm zufällig vor die Nase kommt, während eine Katze nur gelangweilt einen Bogen um das übelriechende Etwas machen würde. Ich war noch nie versucht, in einem Buch eine Katze eine Leiche entdecken oder jemanden feindselig anfauchen zu lassen, aber ich muss gestehen, dass die Raubtiernatur unserer Stubentiger mich einmal dazu verführt hat, zu schildern, wie eine Katze zwei Finger, die noch durch die zerschmetterten Knöchel verbunden sind, durch ihre Katzentür ins Haus bringt, während im Wohnzimmer Scrabble gespielt wird.

Eigenbrötler sind nicht die einzigen Katzenfreunde. Meiner Meinung nach neigen Eigenbrötler sogar eher zur Hundehaltung, weil sie Schutz suchen. Raymond Chandler sah es am liebsten, wenn seine fette Katze auf dem Schreibtisch schlief. Simenon sieht man auf vielen Fotos mit einer seiner Katzen, meist einer schwarzen. Katzen verschaffen Schriftstellern etwas, was menschliche Gesellschaft ihnen nicht geben kann: unaufdringliche und anspruchslose Kameradschaft, friedvoll und unstet wie ein ruhiges Meer. Mein junger siamesischer Kater ist so höflich zu antworten, wenn ich ihn anspreche. Wenn ich ihn frage, ob es ihm gutgeht, kann die Antwort lauten: »O ja!« oder: »Na ja.« Bei der Arbeit stört er mich nur, wenn er Hunger hat, und das mit einem unverkennbaren Maunzen, und da er weder gefräßig noch übergewichtig ist, tue ich ihm den Gefallen, ihn zu füttern.

Katzen haben den Schalk im Nacken, auch wenn man ihnen das nicht ansieht. Beide meiner Katzen habe ich dabei beobachtet, wie sie Besuchern auf den Schoß gesprungen sind, die eine Katzenallergie haben oder Katzen nicht ausstehen können. Und Katzenliebhaber können Katzen schrecklich auf die Nerven gehen. Semyon, mein junger Siamesenkater, äußert sich unmissverständlich, wenn neben ihm das Telefon klingelt; meine ältere Katze, ein Weibchen, nutzt es gerne aus, wenn ich am Telefon bin, um so zu tun, als kratze sie an einem alten samtbezogenen Stuhl, und wenn ich dann einen Schuh nach ihr werfe, amüsiert sie sich königlich.

Das Leben, das ich führe, wäre wahrscheinlich sogar vielen Schriftstellern zu eintönig. Ich habe keinen Fernsehapparat, obwohl ich ständig versucht bin, mir einen zuzulegen. Ich lese viel Zeitung. Bis auf Kurzgeschichten kann ich keine Literatur lesen, während ich an einem Roman schreibe. Zur körperlichen Ertüchtigung mache ich mir im Garten zu schaffen. Ich bezeichne es nicht als Gartenarbeit, damit es nicht wie echte Arbeit klingt, obwohl es das ist. Indem ich es anders nenne, nehme ich der Arbeit ihren Schrecken, und so geht es mir auch mit Problemen oder Katastrophen anderer Art: Ich gebe ihnen einen anderen Namen, nehme eine andere Haltung ein, und schon ist die Sache nur noch halb so schlimm.

Dass ich zusammen mit Edgar Allan Poe am 19. Januar Geburtstag habe, freut mich sehr. Er gehört zu den Nicht-Eigenbrötlern, die Katzenliebhaber waren.

Die Tigerkatze des Ehepaars Poe wärmte die kranke Virginia, auf deren Füßen sie lag, als die beiden zu arm waren, um ihr Häuschen zu heizen.

Hunde sind stark und können einschüchternd wirken; in eine Geschichte lässt sich das gut einbauen. Aber Geschichten sind Geschichten und nicht die Wirklichkeit, und Schriftsteller sind Leute, deren geistige Beweglichkeit oder Verstörtheit sie mehr oder weniger dazu prädestiniert, Katzen als Gefährten zu halten. Außerdem sind Katzen ein wandelndes, schlafendes und ständig wandelbares Kunstwerk. Hunden kann man Befehle geben, Katzen nicht. Ein Bild an der Wand oder ein Beethoven-Konzert kann man so wenig »benutzen« wie eine Katze; dennoch können sie für das Leben eines Individuums lebensnotwendig sein.

LIEBLINGSSCH[MAUS]

Ob eine schwarze Katze Glück oder Unglück bringt,
hängt davon ab, ob man eine Maus oder ein Mensch ist.

MAX O'RELL

KATZ UND MAUS

KARIN TAMCKE

Die Erkenntnis kam wie ein Donnerschlag. Bislang glaubte auch ich: Hat man eine Katze im Haus, dann wird man zeit ihres Lebens kein Problem mit Mäusen haben. Sie wird alle fangen, die jemals einen Schritt in unser Zuhause wagen sollten. Das ist der Job der Katzen, schließlich weiß das jedes Kind.

Nicht dass unser Haus an Mausbefall zu leiden hatte, es war rein prophylaktisch gedacht. So kam dann ein Katerchen ins Haus und veränderte mein Weltbild. Denn ich musste lernen: Katzen fangen zwar Mäuse, doch Katzen bringen auch Mäuse. Lebende Mäuse. Und zwar im Verhältnis 1:3. Meine Laufbahn als Katzenbesitzer begann daher mit einem folgenschweren Irrtum.

Damit wir uns richtig verstehen: Wir haben erst neuerdings Mäuse im Haus. Nicht obwohl, sondern weil wir Katzen haben. Sie werden durch einen Bringdienst geliefert. Meistens fängt es so an: Der Kater kommt aus dem Garten und man kann bemerken, dass er etwas undeutlich spricht. Zwischen Fangzahn und genuscheltem Miau klemmt eine frustrierte Maus. Es ist mal wieder so weit. In der ersten Zeit war ihm das Jagdglück nicht hold gewesen. Ob aus Unerfahrenheit oder aufgrund eingeschränkter Wendigkeit wegen eines Speckgürtels um die Bauchregion: Seine Erfolgserlebnisse bewegten sich in einem engen Rahmen und manifestierten sich lediglich durch das Aufsammeln bereits verschiedener Nager. Was tot ist, läuft nicht mehr davon. Nun aber hat er abgespeckt. Und diese Tatsache, verbunden mit einer inzwischen eingetretenen geistigen Reife, versetzt ihn offenkundig in die Lage, seine Fangquote von null auf durchschnittlich fünf Mäuse pro Woche zu erhöhen. Obwohl ich die Nager von der Optik her entzückend finde, habe ich doch die Größe, ihm seinen Erfolg zu gönnen. Wenn er nicht ständig glauben müsste, ihn mit uns zu teilen. Und so treibt es ihn mit der Beute ins Haus und sinnigerweise unter den Esstisch. Das ist nett von ihm gemeint, doch unser Speisezettel sieht etwas anders aus. Auch er frisst weiterhin Dosenfutter, die Maus ist Zeitvertreib. Das arme Tierchen wird geschoben, geworfen, getragen, durch Loslassen in trügerische Hoffnung versetzt ... und wieder eingefangen. Leider mangelt es dem Kater an der nötigen Konzentration. Früher oder später kann das Mäuschen türmen und, von sicherem Instinkt geleitet, hinter Möbelstücken verschwinden. Vorzugsweise hinter Möbeln, die schwer verrückbar sind. Es macht kein gutes Gefühl, eine Maus im Haus zu wissen. Mäuse nagen Leitungen an, laufen nachts über Kopfkissen und erschrecken Schwiegermütter.

Da sich der Kater vom weiteren Geschehen distanziert, ist es nun mein Job, dem unfreiwilligen Hausbewohner zu einer Zukunft zu verhelfen, die jenseits unserer Mauern liegt. An unzähligen Mäusen hab ich schon Rettungsdienste ausgeübt. Doch ich gehe nicht so weit, verletzte Mäuse zum Tierarzt zu bringen. Dann warte ich lieber mit Grausen auf den finalen Katerbiss. Ist die Maus noch gut erhalten, lohnt sich die Rettungsaktion. Schließlich hängt auch sie am Leben. Doch um retten zu können, muss ich selbst zum Jäger werden. Ein Katz-und-Maus-Spiel beginnt. Ich spiele mit hohem Körpereinsatz um den piepsenden Hauptgewinn. Als Hilfsmittel empfiehlt sich ein Karton, in den die Maus zu laufen hat, weil ein rund ausgeschnittenes Loch ihr ein Zuhause suggeriert. Doch ist es ein weiter Weg bis in den Pappkarton. Er beginnt mit der wichtigen Frage: Wo ist die Maus geblieben? Überall kann der Flüchtling stecken. Einmal hatte der Kater seinen Fang ins Faxgerät geschoben. Ein anderes Mäuschen versteckte sich hinter der

Wandverkleidung und die einzige Möglichkeit, seinen Hungertod abzuwenden, war der Abbau der Paneele. Der Fluchtort unter dem Klavier stellte mich vor wenig Probleme. Ich musste lediglich warten, bis die Maus die Melodien aus dem Musical »Cats« nicht mehr hören mochte und freiwillig ihr Versteck verließ.

Problematisch wurde es an einem eiskalten Wintertag. Ich öffnete einer flüchtigen Maus zuvorkommend die Terrassentür. Die Maus verstand das falsch und wählte nicht die Freiheit, sondern kroch zwischen Rahmen und Zarge, sodass die weit offene Tür nicht mehr zu schließen war, ohne die Maus zu zerdrücken. Es dauerte zwei Stunden, bis sich das Mäuschen entspannte und den Türspalt endlich verließ. Vermutlich klapperten ihre Zähne nicht weniger als meine. Immerhin konnte ich auch diesen Fall erfolgreich zu den Akten legen. Doch keiner soll mir noch einmal erzählen, dass man im Haus keine Mäuse mehr hat, wenn man sich Katzen hält.

MAUSKÄTZCHEN

AUGUST HEINRICH HOFFMANN
VON FALLERSLEBEN

Mauskätzchen, wo bleibst du?
Mauskätzchen, was treibst du?
In unserem Häuschen
Sind schrecklich viel Mäuschen:
Sie pfeifen und rappeln,
Sie trippeln und trappeln
In Kisten und Schränken,
Auf Tischen und Bänken;
Sie stehlen und naschen,
Und will man sie haschen:
Wupp! sind sie fort!

»*Du rufst mich, da bin ich!*
Sei still, nun beginn' ich
Ein Tänzchen mit allen,
Das soll dir gefallen.
Erst sitz' ich, dann schleich' ich,
Dann nah' ich, dann weich' ich,
Dann leg' ich mich nieder,
Dann heb' ich mich wieder.
Kaum schwing' ich mein Schwänzchen
Und schnurre zum Tänzchen,
Wupp! sind sie da!

Sie tanzen im Kreise
Auf närrische Weise,
Hopp heißa! so munter
Hinauf und herunter.
Dann fass' ich beim Ohr sie,
Dann werf' ich empor sie;
Und fallen sie nieder,
Dann fang' ich sie wieder.
Und will dann die Maus doch
Nun endlich ins Mausloch –
Wupp! beiß' ich sie tot!«

WARUM ICH
EINE MAUS MIT EINER
RÜHRSCHÜSSEL FING

CASSIA FLETCHER

Ich liebe Katzen. Wirklich. Ich besitze selbst eine, die ich vor ungefähr einem Jahr aus einem lokalen Tierheim adoptiert habe. Zumindest rede ich mir das gerne ein, denn eigentlich hat sie eher mich adoptiert. Kaum hatte ich das Katzenhaus betreten, hypnotisierte mich der Blick ihrer großen blauen Augen. Ich nahm sie auf den Arm und dort blieb sie schnurrend, bis wir wieder zu Hause waren. Ein kuscheliges, weiß-rot-grau geschecktes Bündel, eine Unschuld vom Lande, die völlig grundlos in Not geraten war und sich nun nach einem liebevollen Zuhause sehnte. So wirkte sie zumindest auf mich. Ich hatte eingangs gesagt, ich »besäße« eine Katze, doch auch das entspricht nicht ganz der Wahrheit, denn eigentlich besitzt sie wohl vielmehr mich.

Ich hatte mich als freischaffende Journalistin bewusst für eine Katze entschieden. Hunde, so hatte ich gedacht, passten nicht in mein Lebenskonzept. Ich bin nun einmal frühmorgens am kreativsten und schreibe dann gerne über Stunden hinweg konzentriert meine Artikel für unterschiedliche Zeitschriften. Ich möchte nach dem Aufstehen nicht erst Gassi gehen müssen, bevor ich mich mit meiner Tasse Kaffee (schwarz mit drei Süßstoff-Tabletten bitte) an den Schreibtisch setzen kann. Vor allem nicht im Winter. Oder bei Regen. Oder wenn ich keine Lust habe. Also nie. Außerdem will ich selbst entscheiden, wann ich Pausen einlege, und nicht aus meinem Flow gerissen werden, weil der Hund schon wieder aufs Klo muss. Eine Katze zu versorgen, hatte ich mir einfacher vorgestellt: Wenn ich mir in der Küche mein Lieblingsgetränk zubereite, stelle ich ihr eine Schüssel mit Huhn in Gelee auf den Boden und kraule ihr kurz den Kopf. Dann gehe ich meiner Arbeit nach und die Katze macht, was Katzen eben den ganzen Tag lang so machen. Ich muss nicht mit ihr rausgehen, denn mit der Katzenklappe in der Haustür kann sie selbst entscheiden, wo sie sich aufhalten möchte. Und für den Fall, dass ihre Abneigung gegen Winter und Regen und lustlose Spaziergänge meiner in nichts nachstehen sollte, kann ich im Badezimmer ein Katzenklo aufstellen. Wenn es in ihren Terminplan passt, darf sie mich auch gerne im Arbeitszimmer besuchen und sich auf meinen Schoß legen. Gemütlichkeit pur! Es ist also kein Wunder, dass berühmte Autoren wie Mark Twain, Charles Dickens und Sir Ernest Hemingway allesamt Katzenbesitzer waren.

So viel zumindest zur Theorie. Was in meiner Vorstellung die perfekte Kombination war – hart arbeitende Journalistin und schnurrende Kuschelkatze –, entpuppte sich bald als fatale Fehleinschätzung. Kaum zog nämlich das flauschige Geschöpf in sein neues Zuhause ein, fiel sämtliche Kuscheligkeit von ihm ab. Das Tier ist zwar dem Äußeren nach zu urteilen eindeutig der Katzen-Familie zuzuordnen, doch handelt es sich bei diesem Exemplar nicht um eine gewöhnliche Hauskatze, sondern leider um einen Vertreter der Gattung *katzus hyperactivus* und der Art *zerstöribus*. Vom ersten Tag an machte sie ihrer Unzufriedenheit über meinen Wohn- und Dekorationsstil Luft. Dazu muss man wissen, dass ich studierte Ethnologin bin –

früher auch Völkerkunde genannt – und vor allem in jüngeren Jahren weite Reisen unternommen hatte, um die Lebensweise der indigenen Völker von Kanada, Namibia und Papua-Neuguinea zu erforschen. Heute lasse ich es deutlich ruhiger angehen und verdiene meinen Lebensunterhalt damit, Artikel über meine Abenteuer für Reise- und Wissenschaftsmagazine zu schreiben. Meine Wohnung ist voller Erinnerungsstücke: An den Wänden hängen gerahmte Fotos von mir und meinem Team an exotischen Orten, auf den Schränken und Kommoden stehen handgefertigte Figuren aus Walknochen sowie hölzernes Maori-Schnitzwerk und die dicken Folianten und Fachbücher im Regal hüten neues und angestaubtes Wissen – kurzum: Ich lebe quasi in einem Museum.

Ursula – ein etwas altertümlicher, aber meiner Meinung nach völlig legitimer Name für eine Katze – hat einen anderen Blick auf unsere gemeinsame Wohnsituation, denn Wissenschaft und ferne Kulturen interessieren sie nicht besonders. Sie scheint vielmehr eine Vertreterin des Minimalismus zu sein und ist gerne dabei behilflich, allen unnötigen Tand schnellstmöglich zu entfernen, die Zimmerpflanzen ordentlich zu trimmen und Bücherecken sanft abzurunden. Publikationen ohne Bissspuren? Ein Ding der Vergangenheit. Naturreligiöse Statuetten und traditionelle Schmuckstücke auf dem Regal? Unmöglich! Zack, landen sie auf dem Teppich. Selbst die Bilderrahmen holt sie von den Wänden, indem sie von unten dagegen springt und sie mit einem gekonnten Pfotenhieb vom Nagel fegt. Einzig die dekorativ verzierten Schalen und handgeflochtenen Körbe dürfen bleiben, wenn sie sich ihrer Meinung nach als bequemes Liegeplätzchen eignen.

Ursulas Einzug stellte nicht nur meine Wohnung, sondern auch mein Leben völlig auf den Kopf. Ich war zwar schon immer Frühaufsteherin, aber nun ist es essenziell, in der Küche zu sein, bevor meine Katze von ihrem nächtlichen Streifzug zurückkommt. Sie wird nämlich schnell unleidlich, wenn das Frühstück zu lange auf sich warten lässt, und will dann mit allen ihr zur Verfügung stehenden Mitteln auf sich aufmerksam machen. Soll heißen: Wenn ich beim dritten Maunzen nicht schon mit Schale und Gelee-Huhn bereitstehe, fliegen im 20-Sekunden-Takt Gegenstände vom Regal. Ja, ich könnte meine geliebten Schätze auch einfach sicher in einer Kiste auf dem Speicher verstauen, aber nein, ich bin noch nicht bereit dazu, mir von einer Katze meinen Einrichtungsstil vorschreiben zu lassen. Außerdem ist nicht auszudenken, was sie dann tun würde, sobald sie hungrig wird – am Ende reißt sie noch die Tapete von den Wänden oder zertrümmert die Fensterscheiben. Völlig rationale Gründe also, sich morgens noch früher aus dem Bett zu quälen und als erste Amtshandlung des Tages das Katzenfrühstück vorzubereiten.

Dieser Ablauf ging eine ganze Weile lang gut und meine Habseligkeiten waren sicher vor den kleinen weichen Pfötchen. Doch dann bekam ich eines Nachmittags einen Anruf vom Chefredakteur eines renommierten Fachmagazins für Altamerikanistik, mit dem ich schon seit Jahren zusammenarbeitete. Ein Autor sei ihnen abgesprungen und sie bräuchten dringend einen Ersatzartikel, der aber bis morgen früh um 7:30 Uhr bei der Redaktion eingehen müsse, ob ich wohl einspringen könne? Ich sagte zu und machte mich sogleich an die Arbeit. Bis tief in die Nacht saß ich am

Schreibtisch und kam gut voran. Einzig ein paar Korrekturen wollte ich am nächsten Morgen noch einfügen. Zufrieden legte ich mich schlafen – und überhörte wegen der Übernächtigung meinen Wecker. Statt um halb 5 Uhr wie üblich, wachte ich erst um 7 Uhr auf. Schlaftrunken und etwas panisch zugleich hetzte ich in die Küche, stellte aber zu meiner Erleichterung fest, dass Ursula heute wohl ausnahmsweise auch eine längere Nachtschicht eingelegt hatte und mich zum Glück kein größeres Chaos erwartete. Guter Dinge holte ich das Katzenfutter aus der Vorratskammer – diesmal Rind in Sahne-Sauce – und ging dabei im Kopf noch einmal meinen Artikel über die Gemeinsamkeiten der untergegangenen Maya-Kultur mit den modernen südamerikanischen Volksstämmen durch.

Als ich gerade die Kaffeemaschine anschalten wollte, trippelte mir etwas kleines Flauschiges über die Füße und ich sah aus dem Augenwinkel einen grauen Schatten unter dem Küchentisch verschwinden. Ich war so verdattert, dass mir der Aufschrei erst aus der Kehle fuhr, als ein weiteres Fellknäuel, diesmal überwiegend weiß, dem ersten nachsetzte. Erst da wurde mir klar, dass Ursula sich scheinbar ein Frühstück mitgebracht hatte. Leider war diese Mahlzeit noch sehr lebendig und auch eher »on the run« als »to go« und das ausgerechnet unter meiner Eckbank. Ich hoffte, dass die Katze kurzen Prozess mit ihrer Beute machen würde, doch da täuschte ich mich. Nachdem sie sie in die hinterste Ecke gedrängt hatte, kam Ursula gelangweilt unter dem Tisch hervorgelaufen und maunzte mich anklagend an, wieso denn das Rind in Sahne-Sauce noch nicht bereitstünde zu dieser späten Uhrzeit. Ihr allmorgendlicher Hunger lässt sich wohl damit erklären, dass sie zum Jagen schlichtweg zu faul ist.

»Ursel, dein Frühstück sitzt da hinten!«, versuchte ich sie zu motivieren, aber sie sprang nur auf die Küchenzeile, legte ihren Schwanz um sich, sah zuerst mich, dann die Maus, dann wieder mich an und maunzte. Es lag nun wohl an mir, die Jagd zu Ende zu führen. Doch wie fängt man als Lebewesen ohne scharfe Zähne, Krallen und blitzschnelle Reflexe ein aufgewühltes Nagetier ein? Ich beschloss, die altbewährte Insekten-Methode zu verwenden: Deckel drüber, stabile Unterlage darunterschieben und raustragen. Mit einer großen Rührschüssel bewaffnet kroch ich also auf allen Vieren unter die Eckbank. Gerade als ich das zweckentfremdete Küchenutensil hob und über das kleine Geschöpf stülpen wollte, klingelte das Telefon – zweifelsohne die Zeitschriftenredaktion –, Ursula gab ein lang gezogenes »Määäääauu!« von sich, was wiederum die Maus aus ihrer Starre erwachen und panisch die Flucht ergreifen ließ. Ich wollte hinterhereilen, stieß mir aber nur den Kopf am Küchentisch. Fluchend krabbelte ich hervor und sah, dass der kleine graue Fellball die Küche schon fast durchquert hatte und rasend schnell auf die Tür zum Arbeitszimmer zuhielt. Ich würde sie niemals rechtzeitig erreichen und die Katze machte immer noch keine Anstalten, sich einzumischen. Also tat ich das einzige, was mir einfiel: Ich holte mit der Rührschüssel weit aus und warf sie wie eine Frisbee-Scheibe so kraftvoll wie möglich in Richtung Maus. In einem anderen Leben könnte ich wohl als Baseball-Spielerin Karriere machen, denn sie landete tatsächlich perfekt über dem kleinen Tierchen! Mit einem leisen »Klonk« wurde sein Lauf vom Schüsselrand jäh gestoppt. Das Telefon klingelte mittlerweile nicht mehr. Ich hatte die Abgabe des Artikels verpasst und die Redaktion vermutlich verärgert, aber das war mir angesichts dieses Triumphs egal. Da ich keine flache Unterlage finden konnte, die stabil genug für eine Maus gewesen wäre, schnappte ich mir einen Pfannenwender. Vorsichtig hob ich die Rührschüssel auf einer Seite an, drehte sie zur Hälfte um und schubste das benommene Nagetier mit dem Pfannenwender hinein. Da die Schüssel aus glattem Plastik war, konnte es nicht hinausklettern und begann stattdessen, wie wild an der Wand entlang im Kreis zu rennen. Dabei sah es mit dem buschigen, grau-braunen Fell und dem kleinen Näschen ziemlich niedlich aus. »Armer kleiner Kerl! Komm, wir setzen dich in den Garten«, wollte ich die Maus beruhigen, als mich ein ohrenbetäubendes Krachen herumfahren ließ. Ursula war hinter meinem Rücken auf das oberste Brett des Küchenregals geklettert und hatte eine kleine Statue der altägyptischen Katzengöttin Bastet, die ich einmal bei einem Zwischenstopp in Cairo erworben hatte, in die Spüle geschubst.

Ich war so mit meiner Jagd beschäftigt gewesen, dass ich ihr dreimaliges Maunzen einfach ignoriert hatte. Seufzend blickte ich auf die vom Lärm in Schockstarre gefallene Maus in meiner Schüssel. Sie hatte den Kopf schief gelegt und sah mich an. »Wie kann man nur mit so einem Wesen zusammenleben?«, schien sie zu fragen. »Ich liebe Katzen und diese irgendwie ganz besonders«, sagte ich laut und kam mir etwas verrückt vor, mich mit einer gerührschüsselten Maus zu unterhalten. Aber es war nun einmal die Wahrheit. Ich hatte eine pflegeleichte Schmusekatze gesucht und stattdessen einen wilden Stubentiger gefunden, aber dennoch würde ich meine Ursula nicht eintauschen wollen. Und obwohl sie mich auf Trab hält und ab und zu etwas zu Bruch geht – wie die Bastet-Statuette, die seitdem keinen Kopf mehr hat –, freut sie sich trotzdem über Streicheleinheiten und leistet mir manchmal sogar bei der Arbeit Gesellschaft. Ich bin zudem überzeugt davon, dass sie mich auf ihre eigene Art und Weise auch liebt. »Außerdem hat sie sehr flauschige Ohren«, erklärte ich Ursulas verschmähter Beute auf dem Weg nach draußen.

RASANTE RATTENJAGD

CASSIA FLETCHER

Ich werde die Menschen wohl nie verstehen. Sie scheinen mehrmals am Tag das Fell zu wechseln, maunzen permanent vor sich hin und halten mir leckere Häppchen vor die Nase, anstatt sie selbst zu vertilgen. Aber vor allem bevorzugen sie es, tagsüber aktiv zu sein, wenn die Sonne herunterbrennt und man sich so wunderbar in ihren Strahlen suhlen kann, während sie einen in den Schlaf kitzelt. Stattdessen legen sie sich dann zur Ruhe, wenn die kühle Nachtluft tausend spannende Gerüche herbeiweht, wenn kleine Wesen überall rascheln und huschen und das Mondlicht die Umgebung erhellt, ohne zu blenden. Sie scheinen blind und taub zu sein für die Verheißungen der Dunkelheit und spüren nicht den Drang nach Freiheit und Abenteuer. Aber wie sollten sie auch? Wer noch nie seine Krallen in den warmen, pulsierenden Körper einer Maus geschlagen hat und lautlos durchs feuchte, hohe Gras gestreift ist, kann nicht nachempfinden, was ein Kater wie ich spürt, wenn die Dämmerung einsetzt und sich die Geschöpfe der Nacht langsam aus ihren Verstecken wagen. Dieses Gefühl war es auch, das mich in jener Nacht, die mir in Erinnerung geblieben ist wie keine zweite, nach draußen zog.

Ich erwachte mit knurrendem Magen, als die letzten Strahlen der Sonne gerade noch den Horizont berührten. Gähnend erhob ich mich von der äußerst bequemen Schlafstätte meines Menschen und machte einen Buckel, streckte dann meine Vorderbeine so weit es ging nach vorne und die Hinterbeine abwechselnd nach hinten. Es ist wichtig, sich ausreichend Zeit zum Dehnen zu nehmen, denn lange Schlafphasen lassen die Muskeln steif werden, das unterschätzen viele. Noch etwas schlaftrunken tapste ich in die Küche, wo ich mir ein paar knackige Futterbröckchen zur Stärkung einverleibte. Ich bevorzuge zwar Frischfleisch, aber »auf leeren Magen ist nicht gut jagen«, wie schon meine Großmutter zu sagen pflegte. Dann schlüpfte ich durch die Katzenklappe nach draußen. Ich hielt kurz inne und ließ meinen Schwanz sanft von rechts nach links pendeln, während ich die Lage sondierte. Düstere Wolken verschluckten jegliches

Mondlicht und der Wind roch nach Feuchtigkeit und Regen. Ich würde mich bei der Jagd beeilen müssen, wenn ich trockenen Pelzes wieder nach Hause kommen wollte. Im Garten lagen überall braune Blätter, die einen würzigen, herbstlichen Duft verströmten. Auf dem Teerweg vor dem Nachbarhaus stand ein weißes kastenförmiges Ungetüm, das nachts zuvor noch nicht da gewesen war. Ein paar Katzensprünge weiter quoll stickiger Dampf aus einem Gullideckel und jemand hatte mehrere Säcke mit Müll am Rande des Teerwegs platziert. Ich drehte meine Ohren in diese Richtung und konnte ein leises Rascheln und Quieken ausmachen. Eine Ratte vielleicht, die in den Tüten nach Lebensmittelresten suchte? Ich überlegte kurz. Ratten sind wehrhafter und damit viel schwerer zu fangen als Mäuse. Außerdem sind ihre Bisse unangenehmer und können sich schmerzhaft entzünden, aber sie haben auch deutlich mehr Fleisch auf den Knochen und stellen für einen jungen Kater wie mich eine spannende Herausforderung dar. Ich beschloss, mein Glück zu versuchen, und setzte mich in Richtung des Teerwegs in Bewegung. Geschmeidig sprang ich die rauen Steinstufen hinunter in den Garten und trabte leichtfüßig über den kurzgeschnittenen Rasen. Die Bewegung tat gut und ich fühlte mich in der Kühle der Nacht frisch und lebendig. Das Jagdfieber hatte mich gepackt. Am hölzernen Gartenzaun angekommen, nahm ich mir kurz Zeit, meine Krallen zu schärfen. Einer Ratte sollte man nie mit stumpfen Waffen begegnen. Nach einer Weile stellte ich zufrieden fest, dass sich mit jedem Pfotenschlag mehr Holzsplitter aus den braunen Balken lösten. Ich war bereit!

Mit einem kräftigen Satz erklomm ich den Zaun und ließ mich auf der anderen Seite lautlos hinuntergleiten. Mein Schwanz peitschte aufgeregt durch die Luft, denn ich konnte nun ein deutliches Schnüffeln, Kratzen und Fiepsen wahrnehmen. Ich duckte mich so tief ich konnte und sprintete flink über den Asphalt. Hinter einem großen Blumentopf vor dem Bau der Nachbarn machte ich halt und drückte mich flach auf den kalten, harten Untergrund. Von hier aus hatte ich die Müllsäcke, den Gulli und den weißen Menschen-Kasten gut im Blick. Es roch nun eindeutig nach Nagetier: süßlich-erdig, nach feuchtem Pelz und altem Staub. Der Geruch ließ meine Schnurrhaare zittern. So lauerte ich dort, bis meine Beute schließlich in Sicht kam: Ich erspähte zwei gut genährte Ratten, die mit ihren nackten, regenwurmartigen Schwänzen zwischen den Mülltüten umherhuschten und Essensreste in den kleinen Pfötchen hielten. In diesem Augenblick verschwamm die Welt um mich herum zu einer weit entfernten, unscharfen Masse. Es gab nur noch mich, die Ratten und diesen Moment. Die Zeit lief nicht mehr linear ab, sondern verdichtete sich, wurde zäh und klebrig wie das Gelee in einer Nassfutter-Dose. Wie in Zeitlupe bewegte ich mich auf meine Opfer zu, jeder einzelne Muskel gespannt, meine Ohren kerzengerade auf die zwei Nagetiere ausgerichtet. Ich schob mich Stück für Stück näher heran und verschmolz mit der Dunkelheit, während sich meine Beute weiterhin nichtsahnend durch den Müll wühlte. Ich war allerdings so auf die Ratten fokussiert, dass ich die Umgebung um mich herum vollkommen außer Acht ließ. So kam es, dass ich mit einer Hinterpfote auf ein trockenes Blatt trat. Es gab ein lautes Knacken, die Ratten hoben ihre

Köpfe und sahen mich drohend über ihnen aufragen. Die erste verschwand in Sekundenbruchteilen im Gulli, die zweite rannte in kopfloser Panik in die andere Richtung. Ich stieß mich so kräftig ich konnte mit den Hinterbeinen ab und setzte hinterher, streckte meinen Körper so weit es nur ging nach vorne und zog mich dann blitzschnell wieder zusammen. Ich flog über den Asphalt, berührte kaum den Boden. Hätten mich meine großen Verwandten am anderen Ende der Welt sehen können, wären sie sicher stolz auf mich gewesen. Plötzlich schlug die Ratte einen engen Haken und verschwand im Inneren des weißen Menschen-Kastens. Ich nutzte meinen Schwanz als Steuerruder, um meinen Kurs eilig zu korrigieren, sprang hinterher und kam schließlich schlitternd zum Stehen. Im Inneren war es eng, denn braune Kisten stapelten sich entlang der Wände. Diese boten jedoch kaum Versteckmöglichkeiten und so saß meine Beute in der Falle. Wir standen uns gegenüber und jeder gab sich Mühe, möglichst groß und gefährlich auszusehen. Sie stand auf den Hinterbeinen und fauchte, was mit ihrem räudigen, struppigen Fell ziemlich erbärmlich wirkte. Ich machte einen Buckel, sträubte mein Fell vom Nacken bis zur Schwanzspitze und zog die Maulwinkel leicht nach oben, damit die Ratte einen guten Blick auf meine spitzen Zähne hatte. Draußen rauschte der Wind und ließ ein angelehntes Gartentor in den Angeln quietschen. Aus dem Augenwinkel sah ich einen Blätterhaufen langsam an den Eingangstüren vorbeiwehen und in der Ferne spielte jemand auf einer Mundharmonika. Ich stählte mich innerlich für einen epischen Kampf, von dem sich noch Generationen von Katzenjungen gegenseitig erzählen würden, und spannte meine Muskeln zum Sprung, als sich auf einmal Schritte näherten. Ich hörte Menschen, die einander zumaunzten, doch ehe ich reagieren konnte, wurden hinter mir die Türen des Kastens lautstark zugeschlagen und ich saß mit der Ratte in tiefschwarzer Dunkelheit.

Ich hatte nicht einmal genug Zeit, in Panik zu geraten, da dröhnte es plötzlich in den Eingeweiden meines Gefängnisses und alles begann zu zittern und zu schwanken. Ich wurde kräftig durchgeschüttelt und von einer Seite des Raumes auf die andere geworfen. Der Ratte erging es nicht besser, sodass wir in einem wirren Knäuel aus Fell und Krallen umeinander purzelten, mal der eine oben, mal der andere. Unser Kampf war erst einmal vergessen, denn von dem Rütteln und Schütteln wurde mir so übel, dass ich meine ganze Konzentration dafür brauchte, mein karges Abendmahl bei mir zu behalten. Ich weiß nicht, wie viel Zeit vergangen war, aber irgendwann stand die Welt wieder still. Unsicher und vor Anstrengung hechelnd stand ich auf. Von draußen drangen abermals Stimmen an mein Ohr. Ich verlagerte mein Gewicht auf die Hinterbeine und wartete. Als sich die Türen zur Außenwelt öffneten und ich das kalte Licht einer Straßenlaterne ausmachen konnte, sprintete ich los und bahnte mir zwischen den Beinen zweier Menschenmänner hindurch einen Weg in die Freiheit. Man rief mir irgendetwas hinterher, doch ich achtete nicht darauf, sondern rannte so schnell ich konnte den Teerweg entlang. Draußen hatte es inzwischen zu regnen begonnen. Das Wasser sammelte sich in Pfützen auf dem Asphalt und spritzte mir bei jedem Sprung die Beine hinauf. Mein dichtes Fell ist zwar bei leichtem Nieselregen wasserabweisend, doch einem richtigen Wolkenbruch hat es nichts entgegenzusetzen. Noch bevor ich um die erste Ecke bog, war ich vollständig durchnässt.

Doch stehen bleiben, um mich trocken zu lecken, kam nicht in Frage, denn ich wollte nur noch so schnell wie möglich nach Hause und zurück auf meine warme, kuschelige Schlafstätte. Die Umgebung um mich herum war mir fremd: Riesige steinerne Bauten ragten um mich herum in die Höhe und nirgends war auch nur ein Baum oder Grashalm zu sehen. Doch wie von einer inneren Stimme geleitet, wusste ich instinktiv, welchen Weg ich nehmen und welche Abzweigung ich wählen musste. Trotz der Bewegung fror ich erbärmlich und mein Fell war vollgesogen und schwer. Außerdem fühlte sich die kalte Nachtluft bei jedem Atemzug an wie ein Klauenhieb in die Kehle. Als meine Panik verflogen war und mein Kopf wieder klarer wurde, fiel mir ein leichtes Ziehen an meiner Schwanzspitze auf. Ich drehte im Laufen den Kopf nach hinten und sah zu meiner Überraschung die Ratte, die sich mit ihren Vorderpfötchen an zwei Haarbüschel klammerte und nun hinter mir her wehte wie ein flauschiges Fähnchen. Zu meiner inneren Genugtuung wirkte sie dabei genauso kläglich und durchnässt wie ich. Der Herbststurm hatte jedoch kein Mitleid, sondern peitschte uns den Regen heftig ins Gesicht. Ich musste meine Ohren flach nach hinten drehen und die Augen zukneifen, wodurch ich eine von einer Windböe aufgewirbelte Zeitung übersah. Sie klatschte mir gegen die Nase und raubte mir kurz den Atem. Nach einer Weile taten mir die Pfoten weh und ich verlangsamte mein Tempo zu einem flotten Trab. Die hohen Steinbauten um uns herum wurden nach und nach kleiner, der Anteil an Bäumen, Wiesen und Gärten nahm zu. Schließlich bog ich in die Straße ein, in der sich das Zuhause meiner Menschen befand und in der mein Abenteuer seinen Anfang genommen hatte. Auf Höhe der Plastikmüllsäcke, die nun aufgerissen dalagen und ihren Inhalt über den Teerweg verteilt hatten, spürte ich, wie die Ratte meinen Schwanz losließ und sich in den Gulli fallen ließ, aus dem sie Stunden zuvor auf ihrer Futtersuche herausgeklettert war. Ich beachtete sie jedoch nicht weiter, denn ich hatte erstmal genug von der Rattenjagd. Stattdessen kletterte ich schnurstracks über den Gartenzaun, legte einen Endspurt über den Rasen hin und erklomm die Stufen zur überdachten Eingangstür. Dort setzte ich mich nieder, legte meinen Schwanz um mich und schaute in den Regen, der nach wie vor unbarmherzig auf die Welt herabprasselte. Gemächlich fing ich an, mich zu putzen, schleckte erst die Vorderpfoten, bis sie sauber und trocken waren, putze dann damit Kopf und Gesicht und widmete mich zuletzt Bauch, Rücken und Schwanz. Letzterer schmeckte im Abgang leicht nach Nagetier. Ich nahm mir auch die Zeit, jede einzelne Kralle ordentlich zu beknabbern, um jeden Rest an Schmutz und Feuchtigkeit und damit auch jede Erinnerung an diese Nacht zu beseitigen. Dann machte ich mich auf den Weg zu meinem Trockenfutter. Während ich die harten Brocken zwischen den Zähnen knackte, dachte ich bei mir, dass es eigentlich gut war, dass die Menschen die Dunkelheit normalerweise mieden. Denn wären mir die zwei Männer mit ihrem weißen Ungetüm nicht in die Quere gekommen, hätte ich mich jetzt stattdessen über eine saftige Ratte hermachen können.

DIE UNIVERSELLE
WEISHEIT DER KATZEN

Katzen lieben Menschen viel mehr,
als sie zugeben wollen, aber sie besitzen so
viel Weisheit, dass sie es für sich behalten.

MARY E. WILKINS FREEMAN

STERNSTUNDEN

KARIN TAMCKE

Wir wollten bauen. Eine Terrasse wünschten wir uns, um den Gesamteindruck unseres Hauses aufs Angenehmste abzurunden. Eine hölzerne sollte es sein, aus warmen wohltuenden Bohlen unter Menschen- und Katzenfüßen. Denn wir leben nicht allein. Drei miauende Mitbewohner bevölkern ebenfalls unser Haus. Um sich dem Vorhaben kraftvoll zu widmen, hatte mein Mann Urlaub genommen. Nun wollte er nach genauem Plan und ungestört das Projekt zur Vollendung führen. Und da mein Angetrauter an Horoskope glaubt, befragte er vor so einer wichtigen Unternehmung vorsorglich die Sterne.

Sie sind von Helfern umgeben, die Sie nicht gerufen haben. Prüfen Sie, ob sie Ihnen tatsächlich hilfreich sind.

So stand es da zu lesen. Das klang für ihn nicht bedrohlich. Hätte er bloß geprüft. So nahm das Schicksal seinen Lauf. Denn die Helfer standen schon bereit, um sich mit Freude einzubringen. Sie trugen gestreifte Pelz-Overalls in grauer Tiger-Optik und strotzten nur so vor Tatendrang.

Will man eine Terrasse anlegen, wo vorher Wildwuchs war, beginnt man klugerweise damit, den Wildwuchs zu entfernen. Mein Mann begab sich also ans Roden. Beherzt griff er in die Büsche und Stauden, um sie durch Graben, Rütteln und Ziehen dem Erdreich zu entreißen. Er rüttelte und schüttelte. Es raschelten

Blätter, es bebten Halme. Das entzückte auch seine Helfer. Sie stürzten sich in die Blätter und Zweige, griffen ebenso ins Blattwerk. Hier Katzentatzen, dort Menschenhände, man traf sich in der Mitte. Nun unterscheiden sich Katzenpfoten im Bauplan von der menschlichen Hand durch ein nadelspitzes Extra. Nach mehrmaligem Kontakt mit den Katzenkrallen suchte mein armer Mann geläutert den nächsten Baumarkt auf. Durch den Erwerb von festen Handschuhen brachte er die Rodung endlich zum guten Ende.

Wo sollten die Grenzen des Bauwerks verlaufen? Mein Mann winkelte aus und vermaß. Genauer gesagt, er wollte vermessen. Doch kann eine inspirierte Katze ein Bandmaß übergehen? Ein schlingerndes, wedelndes Bandmaß? Nur der Wechsel zum festen Zollstock ließ dem Bauherrn eine Chance.

Gerade Linienführung in unebenem Gelände erreicht man durch das Spannen einer Schnur, wie jeder Handwerker weiß. Mit einer Schnur von A nach B. Mein Mann spannte, dann machte er Feierabend. Am nächsten Morgen die Überraschung: Keine Spur von der geraden Schnur. Es spannte sich der Faden in wilden Kurven und Schleifen kreuz und quer durch den Garten. Dazwischen standen die Büsche und Sträucher, wie Mumien fest umwickelt. Unser Zeitplan bedurfte der Korrektur.

Der nächste Arbeitsschritt sah das Auflockern des Erdreichs vor. Mein Mann lockerte, grub und harkte. Die Katzen standen da und staunten. So viel lose Erde! Ein riesengroßes Katzenklo! War das der Zweck des Bauvorhabens? Ein Freiluftklo im XL-Format? Sie nahmen die Gabe dankbar an. Sie bewässerten im Akkord die Erde. Sie soffen ihre Näpfe leer, damit die Quellen nicht versiegten. Sie entschlackten die Körper, befreiten die Därme. Wie sagte schon Heraklit? »Alles fließt.« Und sie ließen fließen.

Währenddessen versuchte mein Mann, die Bedürfnisanstalt zu planieren. Seine (behandschuhten) Hände schoben ein Brett durch den Sand, um die geglättete Fläche hinter sich zu lassen. Es verfolgten ihn drei Augenpaare, die aus besorgten Gesichtern blickten. Doch auch planiert war der Platz noch zu gebrauchen. Es wurde gebuddelt, gekratzt, gescharrt. Viele kleine Krater entstanden und lockerten das Erscheinungsbild auf. Die Katzen waren mit sich zufrieden.

Mit dem Verlegen der Bohlen kündigte sich endlich die Schlussphase an. Die kleinen Bau-Azubis halfen auf ihre Weise. Sie spielten Fußball mit den Schrauben und kickten sie ins Aus. Sie wuselten um Männerfüße. Sie waren überall im Weg. Mein Mann verlängerte den Urlaub.

Dann war das Werk fast vollendet. Es war nur ein einziger Arbeitsgang offen. Der Boden benötigte einen Anstrich – eine Tätigkeit von hoher Brisanz, in Anbetracht der Helfer. Mein Mann ist vorsichtig geworden. Er hat wieder sein Horoskop befragt.

Aus Erfahrungen sollten Sie gelernt haben. Lassen Sie vorübergehend lieber die Finger von einer allzu heißen Sache.

Wir haben keinen Bedarf an kleinen rundlichen Farbprints als Dekoration im Haus. Daher wartet der tapfere Bauherr lieber auf bessere Zeiten und Zeichen. Und so steht die Bauabnahme leider noch in den Sternen.

DER BEWEIS

EVA BERBERICH

Wahnsinn«, rief der Forscher, »ich glaub's nicht. Ein Messfehler.«

Er starrte auf den Bildschirm. Die Daten erschienen zu perfekt, zu stimmig. Kein Messfehler.

Er holte die Daten näher heran, vergrößerte sie. Nein, nicht zu perfekt, nicht zu stimmig. Sie stimmten einfach. Kein Zweifel möglich. Der Beweis, nach dem seit hundert Jahren kluge Köpfe gesucht hatten, war gefunden. Obwohl Einstein gesagt hatte, es müsse ihn geben, aber draufkommen werde man wohl nie.

Generationen von Prinzen waren gescheitert an der Dornenhecke, die um das Schloss gewachsen und in der noch alle hängengeblieben waren, in dem Schloss, in dem hold und süß der Beweis schlummerte.

Prinzen? Dornenhecke? Der Forscher griff sich an den Kopf. Unsinn, das hier war kein Märchen. Das war Realität. Der Beweis lag nicht in der Turmstube eines alten Gemäuers, sondern auf seinem Computerbildschirm und hatte die Schönheit und Eleganz einer mathematischen Formel. Da konnte kein Dornröschen mithalten.

Der Forscher küsste den Bildschirm und druckte, was da stand, aus.

»Komm her, Hubble, schau dir das an!«

Hubble – er hieß nach dem Erfinder des berühmten Weltraumteleskops und leistete dem Forscher beim Forschen Gesellschaft – lag auf der Heizung, blinzelte träge und dachte nicht daran, sich zu erheben. Weshalb der Forscher ihn wie ein Bündel um den Bauch packte – Vorder- und Hinterpfoten hingen herunter – und auf dem Computertisch absetzte.

Hubble jagte erbost die Maus über die Tischplatte. Die Maus stürzte sich in den Abgrund, versteckte sich hinterm Papierkorb, worauf Hubble das Interesse an der Maus, die nicht mal quietschen konnte, verlor und es sich auf dem Papierstapel mit Berechnungen, Kurven und Zahlenkolonnen bequem machte.

Der Forscher sah Archimedes vor sich, wie der vor 2000 Jahren – ›Heureka! Ich hab's gefunden!‹ rufend – nackt durch die Straßen von Syrakus rannte und der Stadt und dem Erdkreis das später nach ihm benannte archimedische Prinzip verkündete, welches er, zwischen Badeentchen und Schiffchen in der Wanne hockend (wenigstens stellte sich der Forscher den antiken Kollegen so vor), gerade gefunden hatte. Am liebsten hätte der Forscher auch ›Heureka!‹ geschrien und dem Rest der Welt seine Entdeckung verkündet, aber im Winter läuft man nicht gerne nackt herum. Und die Welt würde es auch so mitbekommen.

Plötzlich verspürte er den ungewohnten inneren, aber äußerst unwissenschaftlichen Drang zu danken. Nur wem?

»Lieber Gott«, sagte er, »ich bin gerührt und ergriffen, dass Du mich diesen wunderbaren Beweis hast finden lassen.« Und mangels Passenderem betete er, was er als Kind immer vor dem Essen gebetet hatte: »Jedes Tierlein hat sein Essen, jedes Blümlein trinkt von Dir, hast auch meiner nicht vergessen, lieber Gott, das dank ich Dir, Amen!«

Dann bedachte er, dass im wissenschaftlichen Weltbild der liebe Gott keinen Platz mehr hatte. Aber es gab ja Kant. Der Forscher gehörte der Generation an, die noch wusste, wer Kant, Vorname Immanuel, war, und die sogar den kategorischen Imperativ zitieren konnte.

»Verehrter Herr Kant«, sagte er, »Sie haben mal so schön gesagt, dass der gestirnte Himmel über Ihnen Sie immer wieder mit Erstaunen erfülle. Wie auch mich. Und jetzt haben wir noch mehr Grund zu staunen.« Nun fiel ihm auch noch Goethe ein. »Ihr Faust weiß es nicht«, sagte er, »und Sie wissen es auch nicht, Herr von Goethe, aber« – er strich über seines Katers Ohren – »Hubble und ich, wir werden wissen, was die Welt im Innersten zusammenhält. Na ja, nicht gleich morgen oder übermorgen, aber der Anfang ist gemacht, den Rest kriegen wir später.«

»Das weiß ich schon lang, was mich zusammenhält.« Hubble fing an, sich die Pfoten zu lecken.

»So?«

»Mein Pelzmantel. Ohne den tät ich auseinanderfallen.«

»Ich hab nicht von dir gesprochen, sondern von der Welt. Dem Universum. Dem All.«

»Die Welt bin ich«, sagte Hubble mit großer Selbstverständlichkeit und ganz ohne Arroganz, wie einer, der weiß, wer und was er ist. »Ich bin die Welt. Die Welt hat Ohren und einen Schwanz. Das reicht.«

Der Forscher starrte verzückt auf den Bildschirm. »Das Universum spricht mit mir. Ich meine, mit uns.« Er ging zum Fenster, öffnete es, blickte hinaus und atmete ein paarmal tief ein. Der Sternenhimmel war überwältigend klar. Wunderbar. Geheimnisvoll. Und seit dieser Stunde etwas weniger geheimnisvoll. Dann fiel ihm ein, dass er nach dem lieben Gott, den Herren Kant und Goethe auch seine Frau informieren könnte.

Er rief sie an: »Schatz, wir haben den Beweis, den wir seit hundert Jahren suchen. Du weißt schon.«

»Na, toll«, sagte seine Frau. »Gratuliere. Ich bin furchtbar stolz auf dich. Wenn du am Wochenende heimkommst, bring bitte zwei Kilo Kartoffeln mit. Und Hubble. Ich frag mich, warum du den immer mitnimmst. Nachbars Musch schleicht ums Haus und fragt dauernd nach ihm.«

»Damit ich besser rechnen kann. Wenn er daliegt und pennt oder sich putzt, kommen mir die besten Ideen. Hubble ist ungemein denkfördernd.«

»Was sagt er zum Beweis?«

»Na ja, seine Begeisterung hält sich in Grenzen.«

Die Begeisterung des Forschers nicht. Nachdem er im Kopf »Kartoffeln und Hubble mitbringen« notiert hatte, rannte er nun doch hinaus in den frisch gefallenen Schnee, aber nicht nackt, er trug einen dicken Pullover und eine Pudelmütze. Rollte drei verschieden große Kugeln, baute einen Schneemann und setzte ihm seine Mütze auf.

Sagte: »Da fehlt noch was!« Rannte zurück ins Haus, zog eine rotbraune Einlegesohle aus seinem Pantoffel, steckte sie in den Mund des Schneemanns und taufte ihn »Albert«.

Zurück im Warmen schenkte der Forscher sich einen Schnaps ein und prostete durchs Fenster Albert zu. »Hast recht gehabt. Es gibt ihn, den Beweis. Auch wenn du behauptet hast, man werde ihn nie und nimmermehr finden. Komm rein, dann zeig ich ihn dir.«

Albert streckte ihm und der Welt die Zunge raus. Der Forscher verstand es als kollegiales Lob.

Dann läutete das Telefon, »Das Nobelpreiskomitee«, sagte er zu Hubble, »sie wissen's schon, ich brauch dringend einen Frack.«

Es war aber die Frau des Forschers. Sie habe vorhin vergessen, ihm zu sagen, er solle unbedingt mehlige Kartoffeln mitbringen, bloß keine festkochenden, die matschten. »Schreib's auf«, verlangte sie, »sonst vergisst du's, wie immer!«

Er notierte unter dem Blatt mit dem Beweis: »Festkochende Kartoffeln matschen«, schenkte sich noch einen Schnaps ein, packte Hubble, der gerade eingedöst war, trug ihn zum Fenster und setzte ihn auf den Sims. »Dies ist nicht die Zeit zum Schlafen, mein Lieber. Dies ist eine historische Stunde, und du kannst später mal deinen Enkelkindern sagen, du seist dabei gewesen – oh, Verzeihung, ich vergaß, mit Enkeln ist natürlich nichts, dafür hat ja der Tierarzt gesorgt – schau nur den Himmel an, die Sterne, die Milchstraße, den Andromedanebel, nein, den kannst du noch nicht sehen – aber bald werden wir auf dem Mars – wir werden unser Planetensystem hinter uns lassen – und die Milchstraße – werden in fernste Galaxien – durch Wurmlöcher in andere Welten – und bis hinter den Urknall – auf dem Mond waren wir ja schon ...«

Hubble gähnte. »Der Mensch kann auf dem Mond erwachen, aber keine Katze machen«, sagte er, »erst recht keinen Kater.« Den Spruch hatte er von der Frau des Forschers, die hatte ihn von dem Dichter Reiner Kunze, und der hatte vermutlich einen anbetungs- und bedichtungswürdigen Kater.

Hubble gähnte abermals, sprang vom Fensterbrett, marschierte zurück zur Heizung.

»Dir fehlt jeder Sinn für die Bedeutung dieses Ereignisses«, sagte der Forscher vorwurfsvoll.

»Ich mag keinen Knall, auch wenn der noch so ur ist. Knall ist Knall!« Hubble legte, mit dem Gefühl, damit alles gesagt zu haben, den Kopf auf die Pfoten.

Dann war Ruh. Der Kater des Forschers, der wusste, was die Welt – also ihn – im Innersten zusammenhält, nämlich ein wunderbar warmer graugestreifter Pelz, machte Müffchen und meditierte über die Stille, den gestirnten Himmel und die Unendlichkeit des Alls. Vielleicht pennte er auch nur.

BONNARD

TESSA KORBER

Mein Name ist Bonnard. Ich wohne auf dem Friedhof von Montmartre. Es ist kein schlechter Ort, still, grün, mit frischer Erde für die gewissen Bedürfnisse, was in der Stadt keine Selbstverständlichkeit ist. Mit warmen Ruheplätzen in der Sonne, Gewölben und Löchern zum Unterschlüpfen und – was Sie nicht wahrnehmen können mit Ihren Ohren – erfüllt vom ewig raschelnden, fiependen, trippelnden, zuckenden, atmenden Lied der Mäuse. Es erklingt überall, es hüllt mich ein wie eine Decke. Es ist immer da. Sie sollten sich einmal in Ruhe hinsetzen, die Ohren aufstellen und die Schnurrhaare – ach, und da beginnen die Probleme schon wieder. Sie haben ja gar keine. Und diejenigen unter Ihnen, die einen Schnurrbart besitzen, können nicht damit hören. Genauso wenig, wie Sie mit Ihren Pfoten sehen können. Pardon, mit Ihren Fingern. Trösten Sie sich, dafür vermögen Sie damit so schöne Dinge zu erschaffen wie diesen Ort, mein Zuhause.

Sie denken, wir würden Sie mit unseren Katzenaugen schon seit der Zeit des Pyramidenbaus beobachten. Und – aber das wollen Sie ungern zugeben – wir hätten dabei all Ihre Geheimnisse erfahren. Menschen sind schon seltsam. Über solche Dinge machen Sie sich einen Kopf, aber an das Naheliegendste denken Sie nicht. Was das ist, das Naheliegendste? Typisch, dass Sie das fragen müssen.

Im Moment liege ich hier auf dieser Bank aus Schmiedeeisen und grünem Holz. Mein rotes Fell leuchtet in der Sonne, derselben Sonne, die all die Steine ringsum erwärmt: die steilen gepflasterten Straßen von Montmartre, auf denen in diesem Moment das Wasser der Straßenreinigung hinuntersprudelt, hinaus auf den Boulevard de Clichy und hinein nach Paris. Die Häuser in den engen Gassen sind alt, alle stehen schon lange hier und atmen ihre Geschichte. Die Sonne braucht lange, bis sie ihre Fundamente erreicht. Die Kirchen und Treppen und Türme dagegen streben steil aufwärts, hoch hinauf bis zur weißen Kuppel von Sacré-Cœur, die sich in einen blauen

Himmel streckt, der sich wie ein seidenes Zelt über die ganze Stadt spannt.

Die Mausoleen und Gräber rings um mich bilden eine eigene kleine Stadt, nicht der Toten, sondern des Erinnerns. Auch hier dominieren die Lebenden, gerade hier. Sie fahren auf der Straße, die auf gusseisernen Stelzen über den Friedhof hinwegführt. Die Rue Caulaincourt ist ein Viadukt, in dem der Verkehr rauscht. Sie gießen und gärtnern zwischen den Gräbern oder laufen mit Kameras und Karten herum und suchen raschelnd und beratschlagend die Ruhestätten von prominenten Persönlichkeiten. Sie alle liegen mir nahe.

Ich mag die Menschen. Und zugegeben, ich weiß einiges über sie. Auch wenn ich damals bei den Pyramiden nicht dabei war. Keiner von uns war das, schätze ich. Allenfalls Dégas, ja, bei Dégas, dem großen Schwarzen, an dem sich kein einziges helles Haar befindet, bei dem würde ich es für möglich halten, dass er die Geheimnisse aller neun Katzenleben kennt und noch einiges darüber hinaus. Aber sonst?

Ich bin nicht der einzige Kater auf dem Friedhof, viele unserer Gemeinschaft leben hier. Junge Dinger, die kommen und gehen. Die sich nicht zu schade sind, in einer Gruft zu nächtigen oder sich in einer leeren Blumenschale zusammenzurollen. Manche spielen mit den ausgebleichten Bändern der Grabkränze, zum Entzücken der Leute. Nun ja.

Meine Aufgabe ist eine andere.

Ich bin für die Menschen da, die der Toten wegen kommen. Sie spazieren herein, hantieren ein wenig mit der Kanne und der Harke, die sie hinter dem Grabstein versteckt haben, zupfen und richten die Blumen; einige sprechen ein Gebet. Und früher oder später setzen sie sich zu mir auf die Bank. Ich tue nichts, das ist gar nicht nötig. Es dauert nicht lange, bis sie die Hand ausstrecken, um mir unbeholfen über den Kopf zu streicheln oder mich am Kinn zu kraulen. Ich rühre mich noch immer nicht. Sie bemerken von selber, wie leicht ihre Hand über meinen Körper gleitet. Wie von selbst, wie dafür gemacht.

Der zweite Streichler ist schon glatter, flüssiger, länger. Ich schmiege mich an die Bewegung an, dehne mich. Ihre Finger finden genau den richtigen Widerstand in meinem Fell, um darin zu spielen. Es geht ganz einfach. Nur ein Weilchen, und wir sind eins, meine Menschen und ich. Sie atmen ruhiger, ihr Puls verlangsamt sich. Ich schnurre dazu und weiß, wie es ihnen geht. Denn es geht mir genauso. Und dann, ganz sacht, manchmal stockend und manches Mal wie ein Wasserfall, beginnen sie zu erzählen.

So wie Madame Valladon. Sie kommt schon lange hier her, viel zu lange. Wenn sie am Grab ihres Vaters die Begonien gerichtet hat, setzt sie sich jedes Mal zu mir. Sie ist eine von denen, die mit meinem schönsten Schnurren belohnt werden, dem tiefen, das wie eine Wolke Bienen in der Luft steht. Und dazu schenke ich ihr einen Blick aus meinen ägyptischen Augen.

»Ach, Bonnard«, sagt Madame Valladon dann. Sie riecht nach Butter und Hefe, denn sie ist Pâtissière.

Schnurren, einatmen.

»Mein Vater hat es nicht leicht gehabt.«

Schnurren, ausatmen.

»Dreißig Jahre! Dreißig Jahre hat er im Gefängnis verbracht. Und weißt du, was er am Ende gesagt hat?«

Inzwischen kenne ich die Geschichte gut. Ihr Vater Marcel war siebzehn, als er verhaftet wurde. Und ihre Mutter ein schwangerer Teenager, die aus allen Wolken fiel, als sie davon erfuhr. Marcel hätte Konditor werden sollen, wie alle Valladons vor ihm seit dem Tag, da ihr Vorfahr, der jüngste Sohn eines armen Bauern in der Provence, sich auf dem Montmartre ein Zimmer genommen hatte, auf der Suche nach einer besseren Zukunft. Damals fuhren die Eisenbahnen noch mit Dampf.

Der Montmartre hat viele Gesichter, immer schon. Die Pâtisserie der Valladons liegt, so unscheinbar sie hinter ihrem grün gestrichenen Rollladen wirkt, am Schnittpunkt vieler Welten: Abwärts findet man die Cafés, Boutiquen und Galerien des mondänen Paris, oberhalb die Touristenwelt von Sacré-Cœur. Rechts geht es in die Viertel, die heute Afrika gehören und von denen es heißt, dass sie dort schwarze Katzen für Voodoo-Rituale benutzen. Links liegt das Moulin Rouge, seit jeher Mittelpunkt des Rotlichtmilieus. Den jungen Marcel zog es eher nach links. Seine Familie vermietete damals die Zimmer im dritten Stock an Touristen. Dort wohnten zu der Zeit ein deutscher Schriftsteller mit Frau und Sohn, den der Mythos vom Künstlerviertel angezogen hatte. Einen Roman wollte er schreiben. Morgens vom Balkon aus zusehen, wie seine Frau mit einem Baguette unter dem Arm aus dem Bäckerladen tritt, in einem Blumenkleid. Wie sie ihm winkt und er und das Kind zurückwinken.

Der Junge war drei; das vergaß in der Familie Valladon niemand mehr. Nur wie er hieß, daran kann sich keiner erinnern. Marcel und ein Freund hatten getrunken, auch ein paar andere Rauschmittel genommen und es plötzlich für eine gute Idee gehalten, die deutsche Familie auszurauben. Es war nicht das erste Mal: Handtaschen, Kioskkassen, an solchen Dingen hatten sie sich schon ein paarmal versucht. Immer ging es nur um ein paar Francs. Die Deutschen kannten Marcel und würden ihm öffnen, wenn er klopfte. Sie vertrauten ihm.

»Mein Vater sagt, dass sein Freund angefangen hat. Mit dem Messer. Auf einmal hat er losgestochen. Dann war da Blut, überall Blut.« Sie seufzt an dieser Stelle immer. Als könnte sie die Schreie hören, als wäre sie dabei gewesen. Ihre Hand stockt dann in meinem Fell. Ein kleines Zucken eines Muskels meinerseits bringt sie dazu, mich weiter zu streicheln.

»Aber er hat mitgemacht, sagt er. Auch er.«

Ich setze für eine Weile pietätvoll mit dem Schnurren aus.

»Erst als sein Freund den Jungen am Bein gepackt hatte, kam er wieder zu sich.«

Die Schreie, die Gewalt und das Blut mussten die jungen Männer in einen Rausch versetzt haben. Wer einmal Mardern nachts zugesehen hat, wenn sie einen offenen Kaninchenstall finden, der weiß, wovon ich rede. Aber ich schweife ab. Der Junge also baumelte kopfüber vom Balkon, von dem völlig durchgedrehten Freund nur noch an einem Fuß gehalten. Die Mutter, schon fast tot, lag auf dem Boden und umklammerte sein Bein in dem Versuch, ihren Sohn zu retten. Da besann Marcel sich plötzlich. Er ließ sein Messer fallen, packte den anderen Fuß des Kindes mit seinen vom Blut glitschigen Händen, bekam ihn zu fassen und rief laut über den Balkon nach Hilfe. Unten in der Straße liefen schon die Leute zusammen. Der

Freund flüchtete. Marcel aber wartete, von allen ange-starrt, bis unten zwei Männer die Arme ausgestreckt hatten. In ihre Hände ließ er den Jungen dann fallen. Ihm geschah nichts. Die Frau starb. Der Mann war schon tot. Marcel wurde an Ort und Stelle verhaftet, blutüberströmt und fassungslos.

»Und weißt du, was er gesagt hat?«

Ja, Madame Valladon, ich weiß es. Er sagte: Als ich den Jungen rettete, wurde ich selbst gerettet.

Sie streichelt mich weiter, mit der freien Hand fischt sie nach einem Taschentuch. Auch als sie sich schnäuzt, bleibt ihre warme, trockene Hand in mei-nem Fell. Ihr Puls wird ruhiger.

Als Madame Valladon geboren wurde, saß ihr Va-ter schon in Haft. Ihr Großvater nahm Mutter und Kind bei sich auf und machte das Mädchen zur Pâ-tissière und seiner Nachfolgerin im Geschäft. Mada-me Valladon backt mit Hingabe, bis heute. Als sie er-wachsen war, brachte sie ihrem Vater hin und wieder ein Brioche oder ein paar Macarons ins Gefängnis. Dann erzählte er ihr jedes Mal, was sie mir erzählt. Warum er tat, was er getan hatte, verstand er selbst bis zuletzt nicht. Aber ich kenne das Gefühl, eine Maus zu töten und ihr hinterher liebevoll das Fell abzulecken. Gefühle sind eine starke Sache. Stärker als Gedanken.

So vergehen meine Tage. Ich lebe auf dem Friedhof. Manche sagen, ich hätte einmal einem Priester gehört. Immer wäre ich mitgegangen, wenn er hier seine Beerdigungen zelebriert hat. Hätte am Saum seiner Soutane gesessen während des »Asche zu Asche« und »Staub zu Staub« und wäre mit schlängelndem Schwanz hinter dem Trauerzug hergelaufen bis ins Bistrot zum Leichenschmaus. Und als er selber zu Grabe getragen wurde und nicht wieder ging, da wäre ich auch einfach hiergeblieben.

Manch andere wiederum behaupten, ich wäre mit einer jungen Frau hierhergelangt, die nachts heimlich auf den Friedhof geschlichen war, um Selbstmord zu begehen. Maunzend wäre ich ihr hinterhergelaufen bis zu dem Ort, an dem sie sich das Leben nahm, und hätte ihn dann aus Kummer nie wieder verlassen. Mit der Zeit wäre ich ruhiger geworden.

Wieder andere dagegen ... aber ich habe genug erzählt.

Sie müssen nur verstehen: Ich kam. Ich blieb. Ich bin eine Institution.

Ich war dabei, als das tote Mädchen gefunden wurde, als der Alte fast starb und der Junge sein Lied sang.

Ich würde Ihnen die Geschichte ja erzählen. Aber Katzen sind keine Freunde großer Worte. Tun Sie das Naheliegende: Streicheln Sie mich. Fahren Sie mit der Hand durch mein knisterndes Fell. Spüren Sie die Wärme, die Weichheit, diese Nachgiebigkeit, mit der ich mich dehne und dehne? Nein, das sind keine Funken, nur Mut. Ein wenig Elektrostatik vielleicht. Und das Strahlen der Sonne, die alle Farben zu etwas Besonderem macht. Meine Streifen leuchten nicht plötzlich auf in diesem überirdischen Rot. Sie sehen es jetzt nur, das Rot. Sehen es wie zum ersten Mal. Begreifen mit all Ihren Fingern, was es bedeutet. Und jetzt horchen Sie in sich hinein.

Es ist alles schon da.

Tina Alba, Warum sie so ist, wie sie ist. Ein Schöpfungsmärchen, in: Tina Alba, Seidenpfoten. Katzengeschichten, © bei der Autorin, 2018

Karin Tamcke, Ausgangssituationen, in: Karin Tamcke, Der katzegorische Imperativ, © Mariposa Verlag, 2013

Eiko Weigand, Sherlock, in: Eiko Weigand, Katzen sind großartig ... Katzengeschichten, © Weigand-Bücher, 2018

James Bowen, Weggefährten, in: James Bowen, Bob der Streuner. Die Katze, die mein Leben veränderte, aus dem Englischen von Ursula Mensah, © der deutschsprachigen Ausgabe Bastei Lübbe AG, Köln 2013, S. 5-16, mit freundlicher Genehmigung von Bastei Lübbe AG

Eva Demski, Jule, in: Eva Demski, Katzenbuch, © Frankfurter Verlagsanstalt GmbH, Frankfurt am Main 1992

Dr. James Herriot, Auszug aus »Tierarzt«, in: Dr. James Herriot, Tierarzt. In der Übersetzung von Ulla H. de Herrera, © Rowohlt Verlag GmbH, Hamburg 1976

Karin Tamcke, Von Tatzen und Tasten, in: Karin Tamcke, Der katzegorische Imperativ, © Mariposa Verlag, 2013

Patricia Highsmith, Mit Katzen leben, in: Patricia Highsmith, Katzen, aus dem Amerikanischen von Melanie Walz, © Diogenes Verlag AG Zürich 2005, 2007

Karin Tamcke, Katz und Maus, in: Karin Tamcke, Der katzegorische Imperativ, © Mariposa Verlag, 2013

Cassia Fletcher, Warum ich eine Maus mit einer Rührschüssel fing, © bei der Autorin, 2021

Cassia Fletcher, Rasante Rattenjagd, © bei der Autorin, 2021

Eva Berberich, Der Beweis, in: Eva Berberich, Die Bücherkatze, © dtv Verlagsgesellschaft, München 2017, S. 28-33, mit freundlicher Genehmigung von dtv Verlagsgesellschaft mbH & Co. KG

Tessa Korber, Bonnard, in: Tessa Korber, Die Katzen von Montmartre, © btb Verlag, München 2016, in der Penguin Random House Verlagsgruppe GmbH